창의폭발 엄마표 요리놀이

| 1판 1쇄 발행 | 2009년 1월 15일 |
| 1판 13쇄 발행 | 2019년 12월 27일 |

지은이 심진미
펴낸이 유성권
펴낸곳 ㈜이퍼블릭

출판등록 1970년 7월 28일, 제1-170호
주소 서울시 양천구 목동서로 211 법문빌딩 (07995)
대표전화 02-2653-5131 | 팩스 02-2653-2455
메일 loginbook@epublic.co.kr
포스트 post.naver.com/epubliclogin
홈페이지 www.loginbook.com

● 이 책은 저작권법에 따라 보호받는 저작물이므로 무단전재와 복제를 금지하며, 이 책 내용의 전부 또는 일부를 이용하려면 반드시 저작권자와 ㈜이퍼블릭의 서면 동의를 받아야 합니다.
● 잘못된 책은 구입처에서 교환해 드립니다.
● 책값과 ISBN은 뒤표지에 있습니다.

엄마표 영어, 엄마표 놀이는 **로그인**

엄마표 요리놀이

창의 폭발

심진미 지음

로그인

인사말
머뭇거리지 말고 지금 시작하세요!

눈을 반짝이며 요리하는 아이들

유아요리전문가로 활동한지 이제 6년이 되었습니다. 처음 아이들을 만났을 때는 요리놀이가 보편화되지 않아 어머님들의 관심이 적었지만, 지금은 많은 어머님들과 아이들이 찾아주어 바쁜 나날을 보내고 있답니다. 요리하는 아이들을 볼 때면 고사리 같은 작은 손으로 조물거리는 모습이 어찌나 귀엽고 사랑스러운지 모릅니다. 마음만 앞서서 서툰 손놀림으로 재료를 다듬던 아이들이 스스로 요리를 완성해 가는 모습을 볼 때면 대견하기도 하고 뿌듯하기도 합니다. 집에서 요리하기도 힘든데 어떻게 아이까지 데리고 요리를 할 수 있을까 고민하는 엄마들이 있겠지만, 너무 걱정할 것 없답니다. 아이가 엄마와 처음 요리를 하게 되면 엄마가 도와줘야 할 부분이 많지만, 조금만 하다 보면 혼자 하겠다며 눈을 반짝인답니다. 아이의 눈높이에 맞는 요리를 골라 아이와 그 과정을 즐기면서 해보세요. 아이는 마치 엄마가 된 것처럼 뿌듯해 하면서 큰 성취감을 얻는답니다.

오감자극부터 식습관 개선까지

아직도 많은 어머님들은 요리를 일회성 체험이나 스트레스를 풀기 위한 것이라고 생각하세요. 하지만 유아요리는 체험과 더불어 아이들에게 꼭 필요한 놀이교육이랍니다. 단순히 요리만 하는 것이 아니라 오감을 자극하고 창의력을 키우는 데 아주 효과적이기 때문입니다. 버섯을 다듬으며 촉각을 자극하고, 재료의 다양한 색깔을 통해 시각을 자극하고, 도마 소리, 믹서 소리를 들으며 청각을 자극하는 등 오감자극에 이만큼 좋은 놀이가 또 있을까요? 고구마로 동물을 만들고, 케첩으로 그림을 그리면서 아이의 상상력과 창의력은 뭉게뭉게 피어납니다. 뿐만 아니라 나물을 안 먹던 아이가 나물을 이용한 비빔밥을 같이 만들고 나면 숟가락 가득 떠서 즐겁게 먹게 되지요. '야채를 먹어야 한다'는 엄마의 잔소리 100번보다 훨씬 즐겁고 유쾌한 교육이 됩니다.

언어, 수학, 과학 등 학습효과도 짱!

한글쿠키와 크리스마스카드쿠키를 만들면서 자연스레 한글도 접하게 되고, 상투과자, 시계버거 등을 만들면서 많고 적음의 개념과 숫자에 대해서도 자연스레 학습할 수 있답니다. 또 물을 끓여서 증발시키거나 물에 뜨는 과일을 살펴보며 부력에 대해 알 수 있고, 아이스크림을 만들며 물과 얼음의 부피의 변화에 대해서도 알 수 있어요. 요리놀이를 통한 이런 경험은 학습지나 책에서 배우는 교육이 아니라 요리를 하면서 몸소 체험하게 되는 만큼, 그 교육의 효과는 어른들의 상상을 훨씬 뛰어넘는 것입니다.

'엄마표 요리놀이'의 길잡이가 되었으면

처음 책을 만들자는 제의를 받았을 때 '과연 내가 책을 잘 만들 수 있을까?' 라는 생각에 고민이 되더군요. 하지만 '유아요리가 단순히 요리가 아닌 교육이라는 것을 알려 주자!' 라는 사명감 때문에 집필을 결심하게 됐습니다. 강의와 집필을 병행하는 힘든 일정이었지만 그 힘든 시간만큼 우리 아이들에게 조금이나마 도움이 되는 요리놀이책이라면 10개월이 아니라 10년이라도 더 할 수 있다는 생각이 듭니다. 끝으로 '엄마표 요리놀이' 가 많은 어머님들과 아이들에게 쉽고 재밌는 요리를 할 수 있게 도와주는 길잡이가 되길 바랍니다. 감사합니다.

저자 심진미

Special Thanks to

이 책을 만들면서 정말 힘들고 지칠 때마다 힘이 되어준 가족들께 감사합니다. 묵묵히 지켜주시는 할아버지와 할머니, 아무 말 없이 웃음으로 힘을 주시는 아버지와 해준 것 없다지만 해주는 것 많으신 어머니, 이 책의 표본이 되어 준 우리 언니와 나의 스폰서 우리 오빠 그리고 항상 든든한 우리 멋쟁이 형부 감사해요. 나의 귀여운 첫 제자이자 이 책의 모델이 되어준 우리 조카 형근이와 우근이. 고마워요.

저에게 항상 엔돌핀이 되어주는 우리 이쁜이 꼬마요리사들, 4년 동안 많은 곳에서 유아요리수업을 진행할 수 있게 해주신 돌코리아의 이강철 대리님과 홍진호 실장님, 이 책과 인연을 맺어준 아이챌린지의 곽은영님과 조영혜님, 아이아띠라는 이름으로 함께하는 김산하 실장님, 유아요리전문가로 처음 활동할 수 있게 해주신 박효빈 실장님, 저에게 많은 일들을 경험해 보게 해주신 라퀴진의 이소영 사장님과 박성주 이사님께 감사드립니다.

이 책 만들면서 만났던 로그인의 김현정 과장님, 북케어의 서민철 대표님, 최애정님 그리고 김향숙님. 10개월 동안 정말 수고 많이 하셨습니다. 마지막으로 일주일에 1~2번 5년 동안 서울과 부산을 오가는 저를 항상 새벽마다 마중 나와 주는 우리 진홍씨, 감사하고 고맙습니다.

CONTENTS

인사말 • 4

Step 1 요리놀이 이런 점이 좋아요 • 12
Step 2 아이와 요리할 때 꼭 알아두어야 할 10가지 • 14
Step 3 주방도구 탐색하기 • 16
Step 4 좋은 재료 구별법 • 18
Step 5 재료 구입 장소 • 20

이렇게 활용하세요 • 21

Part 1 아이와 처음하는 간단 요리!

- **25개월** » 요리 꾹꾹 조리 꾹꾹 내맘대로주먹밥 • 24
  다양한 모양의 주먹밥을 만들어 보자
- **25개월** » 말랑말랑 쫄깃쫄깃한 가래떡매실차 • 26
  길이와 양의 개념을 알아보자
- **25개월** » 알록달록 야채를 섞어 콘샐러드 • 28
  '섞다' '자르다' '옥수수' 글자를 알아보자
- **25개월** » 파란 바다에 수박이 풍덩~ 수박화채 • 30
  다양한 도형의 이름을 알아보자
- **30개월** » 달콤한 소스에 과일을 콕 찍어 과일퐁듀 • 32
  여러 가지 과일의 이름을 알아보자
- **30개월** » 사르르 눈이 감기고 침이 고이는 통닭짐무 • 34
  물의 특징을 알아보자
- **36개월** » 동글동글한 몸에 뾰족뾰족한 가시가 났어요 고슴도치고구마시리얼범벅 • 36
  고슴도치의 특징에 대해 알아보자
- **36개월** » 상상 속의 입 큰 괴물이 눈앞에 나타났어요 크루아상샌드위치 • 38
  크루아상 빵으로 다양한 괴물을 상상해 보자
- **36개월** » 오렌지 마을에서 새로 태어난 오렌지젤리 • 40
  젤리가 되는 과정을 관찰해 보자
- **42개월** » 빨간 모자로 멋부린 김밥 단무지참치데마끼 • 42
  나누기 개념을 알아보고 창의력 있게 꾸며 보자

Part 2
요리 재미가 커지는 조리기구 요리!

- **30개월** 매운 마늘이 요술을 부렸어요 **마늘빵스틱** • 46
  버터의 변화 과정을 관찰해 보자
- **36개월** 영양만점 망고가 병 속에서 흔들흔들~ **망고셰이크** • 48
  믹서의 소리를 듣고 표현해 보자
- **36개월** 야채랑 소시지랑 식빵 속으로 **주머니속샌드위치** • 50
  삼각형, 사각형에 대해 알아보자
- **36개월** 더 부드럽게, 더 달콤하게 **바나나푸딩** • 52
  푸딩의 뜻을 알아보고 바나나의 특징을 알아보자
- **36개월** 커지는 아이스크림의 비밀 **과일요거트아이스크림** • 54
  아이스크림이 되기까지의 과정을 알아보자
- **42개월** 돌돌 말아~ 말아~ **가래떡베이컨말이꼬치** • 56
  원기둥과 순서에 대해 알아보자
- **42개월** 쫀득쫀득 달콤한 네 이름은 **찹쌀떡** • 58
  시간과 경제의 개념을 알아보자
- **42개월** 양송이버섯이 치즈 밑으로 숨었어요 **양송이버섯치즈구이** • 60
  수의 개념을 알아보자
- **48개월** 짜안~ 달걀 마술쇼! **치즈에그스크램블** • 62
  달걀이 변하는 모습을 관찰해 보자
- **만4세** 쿵덕쿵 쿵덕~ 떡을 만들었어요 **흑미인절미** • 64
  여러 가지 떡에 대해 알아보자

Part 3
계절따라 요리따라 사계절 요리!

봄
- **25개월** 딸기가 초콜릿에 퐁당~ **딸기초코딥** • 68
  수의 개념을 알아보자
- **36개월** 우유 속에 빠진 새콤달콤 **딸기파나코타** • 70
  젤라틴의 변화를 알아보자
- **36개월** 알록달록 예쁘게 꾸며요 **쿠키화분** • 72
  쿠키를 이용해 화분을 만들어 보자
- **42개월** 봄나물들의 꽃밭 나들이 **꽃밭비빔밥** • 74
  봄철 나물에 대해 알아보자

| 48개월 | 꽃의 나라로 놀러 온 떡 꽃모양떡 • 76
꽃에 대해 알아보고 창의력 있게 만들어 보자

| 48개월 | 봄 냄새 가득한 개성만점의 맛 탕평채 • 78
탕평채의 유래에 대해 알아보자

여름

| 36개월 | 오돌토돌 오이가 차가운 물 속으로 오이냉국 • 80
오이를 관찰하고 오이처럼 생긴 것들을 찾아보자

| 36개월 | 수박이 아이스크림으로 돌아왔어요 수박아이스크림 • 82
'수박' 이라는 글자를 알아보자

| 36개월 | 팥빙수 산에 오른 과일 친구들 팥빙수 • 84
물의 변화 과정을 알아보자

| 36개월 | 달콤한 바나나와 새콤한 파인애플의 만남 과일스무디 • 86
바나나와 파인애플의 생김새를 알아보자

| 36개월 | 바닷속 열대어 천국! 열대어샌드위치 • 88
창의력 있게 바다를 꾸며 보자

| 42개월 | 동동동 떠 있는 과일은 무엇일까요? 시트러스컴포트 • 90
부력에 대해 알아보자

가을

| 36개월 | 토실토실 알밤이 딱딱한 옷을 벗고 변신했어요 율란 • 92
'으깨다' 글자와 동작에 대해 알아보자

| 36개월 | 숨은 곶감 찾으며 함께 놀아요 찰떡속에숨은곶감 • 94
물의 변화 과정을 알아보자

| 42개월 | 과일과 시리얼의 새콤달콤한 만남 햇과일시리얼샐러드 • 96
다양한 제철 과일에 대해 이야기 나누어 보자

| 42개월 | 바스락바스락, 낙엽이 바삭바삭한 쿠키로 낙엽쿠키 • 98
가을에 떨어지는 낙엽을 관찰하고 쿠키를 만들어 보자

| 48개월 | 아삭아삭, 사과가 씹히는 달콤한 애플머핀 • 100
계량하는 법을 알아보자

| 만4세 | 모여라! 영양만점 버섯친구들 버섯잡채 • 102
다양한 버섯 종류에 대해 이야기 나누어 보자

겨울

- **30개월** 흩어지면 울퉁불퉁 팝콘 길, 뭉치면 먹음직스런 팝콘 산! 팝콘 • 104
  팝콘을 튀기며 부피의 팽창을 알아보자
- **36개월** 따뜻한 호떡이의 차가운 겨울나기 호떡눈사람 • 106
  호떡을 만든 후 눈사람을 만들어 보자
- **42개월** 펄펄~ 하늘에서 하얀 눈이 내려요 백설기 • 108
  무게와 나누기의 개념을 알아보자
- **48개월** 따끈따끈한 국물 맛이 끝내줘요 어묵꼬치 • 110
  순서의 개념을 알아보자
- **만4세** 보글보글 지글지글 구수한 된장찌개 • 112
  발효음식에 대해 알아보자
- **만5세** 바삭바삭 쿠키가 크리스마스카드가 됐어요 크리스마스쿠키카드 • 114
  크리스마스카드를 쿠키로 만들어 보자

Part 4 요리하며 배우는 학습 요리!

언어

- **36개월** 새우 등이 굽었어요 새우파인애플꼬치 • 118
  '새우' '파인애플' '자르다' '꽂다' 등의 글자를 알아보자
- **36개월** 콩이여, 다 모여라! 콩샐러드 • 120
  다양한 콩 이름을 알아보자
- **36개월** 먹으면서 한글 공부해요 알록달록한글쿠키 • 122
  쿠키를 이용해 글자를 만들어 보자
- **만4세** 노란 카레와 쫄깃 국수가 만났어요 카레비빔국수 • 124
  국수에 대해 이야기를 나누어 보자
- **만5세** 엇! 떡볶이가 새까매요 자장떡볶이 • 126
  떡볶이를 두고 글을 지어 보자
- **만5세** 건곤감리 태극무늬를 만들었어요 태극기케이크 • 128
  태극기에 대해 이야기를 나누고 태극무늬를 만들어 보자

수학

- **36개월** 알록달록 3색의 달콤한 상투과자 • 130
  상투과자를 여러 개 만들어 수의 개념을 알아보자
- **36개월** 동글동글 요술쟁이 경단 • 132
  길이와 크기에 대해 알아보자

| 42개월 | 맛있는 초콜릿으로 만든 숫자카드 숫자초콜릿 • 134
초콜릿으로 숫자 카드를 만들어 보자

| 42개월 | 조물조물 밥을 뭉쳐 주머니 속으로 쏙쏙! 주머니속볶음밥 • 136
수의 개념을 알아보자

| 만4세 | 담백하고 고소한 크고 작은 건포도스콘 • 138
크기와 무게에 대해 알아보자

| 만5세 | 똑딱똑딱 버거야, 시간을 알려줘 시계버거 • 140
시간에 대해 알아보자

과학

| 36개월 | 내 손이랑 똑같이 생겼어요 나의손쿠키 • 142
내 손을 관찰하고 물질의 변화에 대해 알아보자

| 42개월 | 알록달록 영양만점 비빔밥! 쓱쓱 비벼요 새싹채소김치비빔밥 • 144
새싹 채소를 직접 키워 보고 요리해 보자

| 48개월 | 담백한 달걀 곁에 새우가 잠들었어요 달걀새우찜 • 146
물질의 변화를 알아보자

| 만5세 | 오이 뱃속에 가득한 건 뭘까요? 오이소박이 • 148
삼투 현상에 대해 알아보자

| 만5세 | 한입에 쏘옥~ 딱 맞는 크래미초밥 • 150
산성과 염기성에 대해 알아보고 크래미초밥을 만들어 보자

| 만5세 | 소시지가 고구마 옷을 입었어요 소시지고구마샐러드볼 • 152
지구와 지구 안의 다양한 이름을 알아보자

창의력

| 42개월 | 부릉부릉~ 내 맘대로 쿨파스타자동차 • 154
파스타를 만들어 빵에 담아 자동차를 만들어 보자

| 42개월 | 우와~ 접시에 나비가 앉았어요 나비케사디야 • 156
창의력 있게 나비 모양을 만들어 보자

| 48개월 | 한입에 쏙 들어가는 돌돌말이샌드위치 • 158
동그라미로 다양한 모양을 만들어 보자

| 48개월 | 꿀꿀~ 뭐든 잘 먹는 꿀꿀이오므라이스 • 160
돼지 얼굴 모양으로 오므라이스를 만들어 보자

| 만4세 | 약속 꼭꼭! 엄마, 아빠와 함께 지키는 약속컵케이크 • 162
아이와 지켜야 할 약속을 정한 후 약속컵케이크를 만들어 보자

| 만5세 | 한자리에 모인 우리가족! 얼굴쿠키 • 164
가족의 구성원에 대해 알아보자

Part 5
주는 기쁨이 더 큰 선물 요리!

- **36개월** 》 곶감에 돌돌 말린 못생긴 호두 **호두곶감말이** • 168
  할머니, 할아버지께 편지를 써 보자
- **36개월** 》 우리나라 전통 과자 고소한 강정 **땅콩강정** • 170
  나누기의 개념을 알아보자
- **36개월** 》 상큼한 오렌지가 병속으로 **오렌지잼** • 172
  '오' '렌' '지' 글자를 알아보자
- **36개월** 》 까칠까칠 키위가 옷을 벗고 부드러워졌어요 **키위아이스크림** • 174
  액체, 고체의 변화 과정을 아이스크림을 만들며 알아보자
- **36개월** 》 알록달록 야채들 모임 **야채피클** • 176
  저장음식에 대해 알아보자
- **42개월** 》 인기짱이 되는 비결 **설탕물에빠진과일** • 178
  과일의 이름을 알아보자
- **48개월** 》 시리얼이 똘똘 뭉쳤어요 **시리얼막대사탕** • 182
  온도에 따라 마시멜로우의 변하는 과정을 관찰해 보자
- **48개월** 》 내 마음을 받아줘~ 달콤 쌉싸름한 **하트초콜릿** • 180
  온도에 따라 초콜릿의 변하는 과정을 관찰해 보자
- **48개월** 》 마음을 전하기에 딱! **초코머핀** • 184
  초코머핀 위에 선물받을 분들의 얼굴을 그려 보자
- **48개월** 》 울퉁불퉁, 달콤한 내 맘대로 **빼빼로** • 186
  창의력 있게 빼빼로를 직접 만들어 보자
- **48개월** 》 쿠키로 크리스마스 트리를 만들었어요 **크리스마스트리쿠키** • 188
  트리 모양 쿠키를 창의력 있게 꾸며 보자
- **만 4세** 》 향긋한 향과 양념의 조화 **깻잎장아찌!** • 190
  분수의 개념을 알아보자

부록 • 192
요리하며 대화하기

인덱스 • 198
연령별 요리놀이 찾아보기

Step 1
요리놀이 이런 점이 좋아요

'요리를 하면서 과연 어떤 것들을 배울 수 있을까?' '그냥 먹을 것을 만드는 것 아냐?' 라고 생각하겠지만 아이들은 요리를 통해 오감발달은 물론, 언어, 수학, 과학, 창의력, 사회성 등 다양한 영역을 통합적으로 공부하고 발달시킬 수 있어요. 과연 요리로 어떻게 통합적인 공부를 할 수 있는지 알아보아요.

1 오감을 자극하는 효과가 있어요
촉각, 미각, 시각, 청각, 후각의 신체적인 오감을 자극하면 지능과 감성 계발로 연결됩니다. 요리 재료를 만지고 손질하면서 '미끌미끌하다' '까실까실하다' 등 다양한 촉각을 느낄 수 있어요. 소금, 식초, 설탕 등의 맛을 보면서 미각을 자극할 수 있고 다양한 야채 색깔을 보고 구별하면 시각을 자극합니다. 또한 찌개가 끓으며 나는 소리, 믹서 돌아가는 소리 등이 청각을 자극하고, 된장 냄새, 오렌지 냄새 등이 후각을 자극해요. 이렇게 요리를 통해 오감을 자극할 수 있어요.

2 성취감과 자신감을 키워요
아이는 무엇인가를 만들면서 해냈다는 성취감을 얻게 됩니다. 더군다나 엄마만 할 수 있을 거라고 생각했던 요리를 자신이 만들었다는 것에 뿌듯해 하지요. 또한 처음부터 끝까지 자신이 만들면서 완성했다는 자신감도 커진답니다.

3 집중력과 관찰력을 높여요
꼬치에 재료를 꽂을 때나 빵에 생크림을 바를 때 아이들은 집중을 하게 됩니다. 또 쿠키를 구울 때도 오븐의 쿠키가 어떻게 변화하는지 지켜보면서 관찰력도 기르게 된답니다.

4 편식 습관을 개선할 수 있어요
오이를 싫어하는 아이에게 직접 오이무침을 만들게 하면 신기하게도 먹는 것을 볼 수 있어요. 왜냐하면 누구든 자신이 만든 것에 애착을 가지게 되기 때문이죠. 아무리 싫은 오이지만 내가 만들었기 때문에 아이는 조금이라도 먹게 되고 여러 번 다시 만들어 보면서 자연스럽게 잘 먹지 않던 음식들도 먹게 됩니다.

5 생활 습관을 개선할 수 있어요
요리를 할 때는 항상 순서가 있어요. 야채는 썰고 난 후 볶거나 섞어야 하고 쿠키는 반죽하고 나서 오븐에 구워야 해요. 아이의 생활에도 순서가 있지만 잘 지켜지지 않죠. 하지만 요리를 하다 보면 일정한 순서가 있다는 것을 알게 되어 생활 습관을 개선할 수 있어요.

6 정리정돈 습관을 키울 수 있어요

요리를 하고 난 후 설거지를 하고 요리에 썼던 도구들을 정리하는 습관을 기르면 좋아요. 처음부터 아이 혼자 하기는 힘들지만 설거지부터 도와주고, 조금 익숙해지면 그릇을 하나씩 정리해서 그릇장에 넣는 것까지 할 수 있게 됩니다. 요리놀이 후에 자연스럽게 정리를 하면 일상생활에서도 스스로 자신이 썼던 것을 정리정돈하는 습관이 길러진답니다.

7 창의력교육을 할 수 있어요

여러 가지 재료를 이용해 멋진 쿨파스타자동차나 귀여운 꿀꿀이오므라이스, 우리 가족 얼굴쿠키 등을 꾸미면서 창의성을 발휘하게 됩니다.

8 언어교육을 할 수 있어요

요리를 하다 보면 '자르다' '섞는다' 등 다양한 조리 용어를 알게 되고 요리를 하면서 상대방과 많은 이야기를 하게 됩니다. 또한 요리를 하고 나서 자신의 생각을 적으면 자연스럽게 언어교육을 할 수 있어요.

9 수학교육을 할 수 있어요

재료를 자르면서 나누기의 개념, 분수의 개념을 알게 되고 양념을 넣으며 계량하거나 요리에 필요한 재료를 분류하고 다양한 재료의 길이를 재 보면서 무게, 길이 등의 개념을 알 수 있어요. 또 시간, 면적, 수 등의 다양한 수학적 개념을 알 수 있어요.

10 과학교육을 할 수 있어요

물을 끓이거나 얼리면 수증기와 얼음이 된다는 것을 배우면서 물질의 상태 변화를 알 수 있어요. 또 배추를 소금에 절이면 쭈글쭈글해지는 것을 보면서 삼투 현상에 대해 알 수 있지요. 이렇게 요리를 통해 자연적인 현상이나 물리적, 화학적 현상을 교육할 수 있어요.

Step 2
아이와 요리할때 꼭 알아 두어야 할 10가지!

1 아이가 주인공이 되게 하세요

요리를 하다 보면 엄마가 주인공이 되는 실수를 하기 쉬워요. 아이가 힘들어하거나 잘 못하면 바로 엄마가 해 버리죠? 그렇게 되면 결국 엄마의 요리를 아이가 도와주는 것이 되어 아이가 흥미를 잃어버릴 수 있답니다. 아이가 하는 행동이 아직 미숙하고 어설프더라도 엄마는 요리하는 동안 조수로서 위험한 상황이 되지 않도록 옆에서 도와주세요. 요리수업을 할 때만큼은 서로 존중하는 것이 좋으니 상대방에게 높임말을 써 보세요. 처음에는 이상하지만, 아이가 엄마와 자식의 관계보다 요리사와 조수의 관계에 있을 때 더 의젓하다는 것을 알 수 있을 거예요.

2 처음에는 아이가 좋아하는 재료로 요리를 하세요

처음부터 아이가 싫어하는 재료로 요리를 하면 아이는 '먹기 싫은 음식으로 왜 요리를 해!' 라고 짜증을 낼 수 있답니다. 처음에는 아이가 좋아하는 재료로 요리를 하고 몇 번 요리를 하다 흥미를 가지게 되면 아이가 잘 먹지 않는 야채나 과일을 조금씩 넣어 요리하게 하세요. 그러면 요리도 재미있게 하게 되고 잘 먹지 않았던 것도 먹게 된답니다.

3 엄마는 요리하기 전 요리에 필요한 재료와 자료를 준비하세요

아이와 요리를 하다 보면 샌드위치 하나를 만드는 데도 준비해야 될 재료도 있고 요리를 통해 알려 줘야 될 과학적 원리, 수학적 개념 등이 많아요. 엄마가 미리 알아 두지 않으면 요리하는 동안 어떤 설명을 해야 되는지, 어떻게 질문해야 되는지 우왕좌왕할 수 있답니다. 그러므로 요리를 통해 최대한 많은 효과를 얻으려면 요리하기 전에 꼼꼼하게 준비하세요.

4 위험한 도구나 전기제품을 사용할 때는 매번 안전 교육을 하세요

위험한 도구를 사용할 때는 매일 사용하더라도 반드시 안전 교육을 해야 해요. 엄마는 '지난번에 사용했으니 위험한 걸 알거야' 라고 생각할 수 있지만 아이들은 어디서 어떤 사고가 일어날지 몰라요. 그러므로 방심은 절대 금물이에요. 예를 들어 오븐을 사용할 때 매번 오븐 안은 뜨겁다는 것을 알려 주고 "뜨거운 것을 만지면 어떻게 될까?" 질문해서 위험하다는 것을 아이들이 스스로 인식할 수 있게 하세요.

5 튀김 요리는 되도록 하지 마세요

아이들이 튀김 요리를 좋아하지만 되도록 기름을 부어 튀기는 요리는 하지 마세요. 자칫 기름이 튀어 화상을 입게 될지도 모르니까요. 튀기는 요리는 다른 조리법을 찾아 만들어 보세요. 예를 들어 돈가스는 오븐팬에 기름을 둘러 오븐에 굽는 방법으로 만들면 되겠죠?

6. 아이의 의견을 존중해 주세요

이상한 네모 모양을 만들고 "자동차예요"라고 말하면 엄마는 "자동차는 바퀴도 있어야 되고 창문도 있어야 돼"라고 말하며 엄마의 자동차를 만들게 됩니다. 하지만 아이는 바퀴와 창문이 없는 미래 자동차를 만들었을 수도 있어요. 아이의 의견을 물어보고 "네모 모양 자동차구나. 그런데 바퀴가 없네?"라고 하면 아이는 자신의 생각을 말할 거예요. 이렇게 아이의 의견을 존중하고 왜 그렇게 만들었는지, 왜 그런 생각을 했는지를 먼저 생각해 주세요.

7. 요일을 정해 요리놀이를 하세요

일주일에 한 번이나 한 달에 한 번 특정한 날짜를 정해 요리를 하는 것이 좋아요. 매일 저녁을 준비할 때 아이가 도와주는 건 좋은 일이죠. 하지만 특별한 손님이 오시는 날이라 바쁘게 요리하고 있는데 아이가 "내가 만들거야"라고 떼를 쓴다면 난감하겠죠? 일정한 날을 정해 두고 요리를 하면 "오늘은 요리하는 날이 아니에요"라고 말할 때 아이도 이해한답니다. 하지만 들쑥날쑥 요리를 하면 아이는 '왜 하고 싶은데 못하게 하는 거지?'라고 생각하며 화를 낼 수 있어요. 그러므로 요리하는 날을 정해 아이가 마음껏 요리할 수 있도록 하세요.

8. 요리를 하고 난 후 아이와 함께 정리를 하세요

요리를 하고 나면 아이와 함께 정리를 하세요. 아이가 할 수 있는 것을 정리하게 하고 엄마보다 먼저 정리를 하면 "엄마보다 빨리 정리를 했네요"라고 말하며 칭찬을 해주세요. 또 엄마가 먼저 끝났으면 "엄마가 정리하는 거 도와줄까요"라고 물어보고 아이가 도와달라고 하면 도와주세요.

9. 요리를 하고 난 후에 만드는 느낌에 대해 이야기를 나누세요

요리 교육은 만들고, 먹고, 정리하면 끝이 아니랍니다. 요리의 맛이 어땠는지, 요리하면서 어떤 생각이 들었는지 아이와 이야기를 나누고 만든 요리를 그림이나 글로 남겨 요리책을 만들어 보세요. 또한 만들고 나서 기분을 표현해 보는 것도 좋을 거예요.

10. 완성된 요리는 아이와 함께 사진으로 찍어 두세요

사진이라는 건 추억을 만들어 두는 것이죠. 만든 요리를 사진으로 남겨 두면 한 번씩 아이와 사진을 보면서 예전에 만든 요리를 생각해 보고 이야기를 할 수 있어요. 인터넷에 사진을 올려 다른 사람들에게 우리 아이의 요리 실력을 자랑하는 것도 좋을 거예요.

Step 3
주방도구 탐색하기!

칼
음식을 썰 때 쓰는 도구예요. 아이들용으로는 플라스틱 칼이 좋으며 아이 손에 맞는 것을 사용하세요. 아이와 칼의 사용법, 칼의 모양, 색깔 등에 대해 이야기를 나누세요.

도마
칼로 음식의 재료를 썰거나 다질 때에 밑에 받치는 도구예요. 아이와 어디에 쓰이는 것인지, 모양, 색깔, 특징에 대해 이야기를 나누세요.

가위
칼질을 못하는 아이는 야채나 과일을 얇게 썰 때 가위를 이용해 자르면 편해요. 아이용 주방 가위를 따로 마련해서 아이가 다양한 방법으로 자를 수 있도록 하세요.

냄비
음식을 끓이거나 삶는 데 쓰는 도구예요. 아이와 냄비의 모양, 특징을 알아보고 손잡이와 뚜껑을 만져 보며 느낌을 말해 보세요. 유리냄비를 사용하면 요리 과정을 직접 볼 수 있어 좋아요.

프라이팬
볶는 데 쓰는 것으로 손잡이가 달리고 깊이가 얕은 냄비예요. 아이와 프라이팬의 모양, 특징을 알아보고 냄비와 다른 점을 찾아보세요.

볼
요리할 때 사용하는 안이 깊은 식기를 말하며 조리할 때 재료를 섞거나 개는 데 사용해요. 아이에게 볼의 모양, 사용하는 곳을 알려 주세요.

짜주머니
생크림이나 소스를 짤 때 사용하면 편해요. 보통은 천으로 된 것을 많이 사용하나 아이들과 요리할 때는 비닐 짜주머니를 사용하면 편하고 위생적이에요.

쿠키 커터
다양한 모양의 쿠키를 만들거나 모양을 낼 때 사용하면 좋아요. 쿠키 커터를 관찰하면서 다양한 모양에 대해 알아보세요.

초밥용 틀
밥의 모양을 예쁘게 만들 때 사용하면 좋아요. 만질 때의 느낌과 모양을 알아보고 같은 모양 틀과 뚜껑 찾기 놀이를 해도 좋아요.

오븐
기구 속에 음식을 넣고 뚜껑을 닫으면 닫힌 공간의 사방에서 보내는 열로 음식을 익히는 기구예요. 오븐의 특징, 모양, 사용법과 오븐을 이용한 요리에 대해 알아보세요.

핸드믹서
빵이나 생크림을 만들 때 빠르게 재료를 섞을 수 있어요. 거품기와 무엇이 다르고 무엇이 같은지를 알아보세요.

블랜더
야채나 과일 등을 쉽게 갈 수 있는 도구예요. 사용법을 알아보고 갈릴 때 나는 소리를 표현해 보세요.

계량스푼과 계량컵, 저울의 사용법 계량스푼과 컵에 재료를 수북하게 담은 뒤 젓가락 같은 것으로 윗면을 평평하게 깎아 내서 측정해요. 저울 위에 측정할 재료를 얹고 저울의 눈금을 확인해요.

계량스푼
양념류의 양을 재는 도구예요. 아이에게 계량스푼의 특징과 사용법에 대해 알려 주고 계량스푼의 양을 비교해 보는 것도 좋아요.

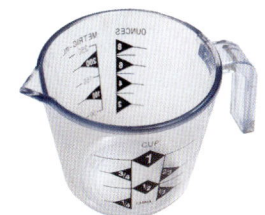

계량컵
계량스푼보다 더 많은 양의 재료를 계량할 때 사용하는 도구예요. 아이와 함께 계량컵의 특징과 사용법을 알아보세요.

저울
물체의 무게를 측정하는 기계로 요리 재료의 무게를 측정해요. 요리하기 전에 저울 보는 법을 알려 주고 다양한 요리 재료의 무게를 알아보세요.

뒤집개, 거품기, 으깨기 생김새와 만졌을 때의 느낌을 물어보고 사용법을 알려 주세요. 각 도구를 가지고 찍기 놀이를 하면서 무엇이 다른지 찾아보세요.

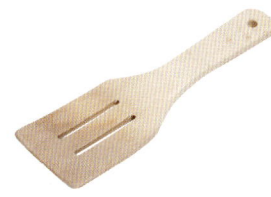

뒤집개
부침개나 전 등을 뒤집는 도구예요. 주위에서 비슷한 모양을 찾아보세요.

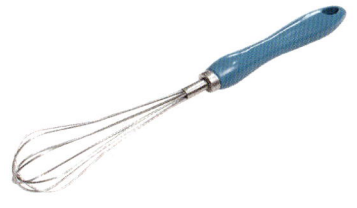

거품기
달걀, 크림 따위를 저어서 거품을 내거나 섞을 때 쓰는 도구예요.

으깨기
삶은 감자나 고구마를 눌러 으깨는 도구예요. 앞 부분의 모양이 어떤지 손바닥에 찍어 보는 것도 좋아요.

Step 4
좋은 재료 구별법

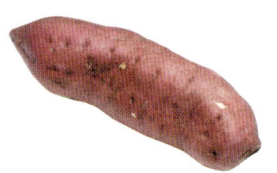

고구마
껍질에 윤기가 있고 표면이 매끄러운 것이 좋아요. 모양은 유선형이며 색깔은 적색으로 짙은 것이 맛이 좋아요. 잔뿌리가 가는 것이 좋아요.

오이
머리에서 끝 부분까지 굵기가 일정하게 똑바로 고른 것이 좋으며 가시에 상처를 받지 않고 꽃이 붙어 있는 것이 좋아요. 만져 보아 단단한 것이 신선한 것이에요.

피망
꼭지가 싱싱하고 표피가 두꺼우며 광택이 나는 것이 좋아요. 짙은 녹색으로 표면이 단단해야 신선해요.

파프리카
다른 색이 전혀 섞이지 않은 한 가지 색을 선명하게 갖춘 것이 완벽하게 익은 거예요.

양파
껍질이 매끄럽고 윤기가 나며 가운데 부분이 단단한 것이 좋은 양파예요.

애호박
위아래 크기가 일정하고 맑은 연두빛이어야 아삭아삭하고 연한 맛이 나요.

단호박
위아래가 평평하고 넓적하며 색상이 고르고 짙으며 골이 깊게 파인 것이 신선해요. 흔히 묵직한 것을 고르는데 그러면 아직 덜 익어 풋내가 나므로 가벼운 것을 고르세요.

밤
알이 굵고 윤기가 흐르며 껍질이 깨끗한 것이 신선해요.

브로콜리
색깔이 선명하고 크기는 남자 어른 주먹만 한 것이 좋아요. 모양은 동그스름하고 빈틈없이 빽빽한 것을 고르는 것이 좋아요.

키위
그린 키위는 동그스름하고 크기가 크며 잔털이 많은 것이 신선해요. 골든 키위는 껍질이 윤기 있는 갈색이고 손가락으로 눌렀을 때 말랑말랑한 것이 맛있어요.

방울토마토
색깔은 선홍빛을 띠고 윤기가 있는 것이 좋으며 속이 꽉 차 같이 단단하고 탄력이 있는 것이 신선해요.

파인애플
껍질의 색깔이 파인애플의 당도를 나타내는 것이 아니므로 크라운(초록색 잎)이 신선해 보이는 녹색을 선택하는 것이 좋아요.

바나나
수확 이후에도 계속 호흡하기 때문에 시간이 지나면서 점점 익어가게 되고, 꼭지가 약간 녹색을 띠는 노란 바나나는 2~3일간 실온에서 보관이 가능해요.

사과
꼭지 반대쪽은 초록빛이 아닌 선명한 담홍색을 띠어야 맛이 좋고 겉 표면에 작은 점이 많고 붉은색 줄무늬가 사과 밑까지 연결된 제품이 좋아요. 껍질이 매끄럽고 적당히 윤기가 돌면 저장이 잘된 신선한 사과예요. 하지만 빛이 반사될 정도로 반짝이는 사과는 오히려 맛이 떨어져요.

달걀
표면이 까칠까칠한 것이 신선해요.

돼지고기
고기살의 결이 곱고 담홍색을 띠고 있으며 지방에 뽀얀 윤기가 감도는 고기가 연하고 신선해요.

소고기
선홍색이거나 밝고 붉은 빛을 띠는 것이 좋으며 소고기 안에 섞여 있거나 붙어 있는 지방의 색깔이 하얀색일수록 좋아요.

인디아나 유기농 비정제 흑설탕
유기농 사탕수수를 그대로 으깨어 추출한 100% 유기농 비정제 흑설탕이에요. 아마조나스에서 수입하여 슈가월드(www.sugarworld21.com)에서 판매하고 있어요.

Step 5
재료 구입 장소

요리놀이에 쓰이는 요리 재료들을 어디서 구입하는지 궁금하시죠?
이 책의 재료 대부분은 유기농이나 친환경 제품을 사용했어요.
주위에서 유기농 재료와 홈베이킹 재료를 구입할 수 있는 곳을 알려 드릴게요.

유기농 제품 판매하는 곳

이마트 유기농 매장(http://www.emart.co.kr)
유기농 매장을 따로 만들어 한곳에서 유기농 식품을 구입할 수 있어요. 거의 모든 식품을 한곳에서 구입할 수 있고 유기농 반조리 식품이나 즉석 식품도 있어요.

한살림(http://www.hansalim.or.kr)
도시 소비자와 농촌을 잇는 직거래 유통망으로 생산자와 소비자 회원들의 출자금으로 운영되고 있어요. 전국의 70개 매장을 이용하거나 사전 주문으로 물품을 구입할 수 있으며 회원들이 상품 개발이나 개선에 직접 참여도 해요. 농가 경영을 보장하는 수준에서 계절마다 고정가격이 정해지므로 친환경 농산물 가격은 일반 유통매장보다 20~30% 낮아요.

친환경 농수산물 유기마켓(http://www.62market.co.kr)
우리나라에서 생산되는 유기농 제품을 판매하는 곳으로 싱싱한 친환경 유기농산물, 친환경 가공식품, 글로벌 유기농 식품 등을 판매하고 있어요.

올가(http://www.orga.co.kr)
풀무원의 친환경 식품 전문 브랜드 올가는 대치·압구정 등의 매장과 인터넷 쇼핑몰을 통해 친환경 농법으로 생산한 곡식·채소·과일, 유기농 사료로 키운 육류 등 친환경 식품과 생활용품을 판매해요.

초록마을(http://www.hanifood.co.kr)
친환경 유기농 농산물 전문 쇼핑몰이며 전국에 오프라인 매장도 운영하고 있어요. 유기농가에서 직접 배송되는 곡물과 야채, 견과류, 드라이 프루트, 꿀, 현미, 식혜 등을 판매해요.

오가닉스몰(http://www.organicsmall.co.kr)
유기농 식품, 출산용품, 기저귀, 오가닉 코튼, 로고나 등 유아·여성용 화장품을 판매하고 있어요.

홈베이킹 판매하는 곳

홈플러스(http://www.homeplus.co.kr)
대형할인마트 중에서 베이커리 제품이 가장 다양하게 있어요. 쿠키, 빵, 케이크 만드는 데 필요한 기구와 재료를 판매해요.

브레드가든 이지베이킹(http://www.ezbaking.com)
브레드가든에서 운영하는 온라인 베이킹샵으로 홈베이킹, 초콜릿 만들기 등에 필요한 다양한 재료들이 있고 쿠키, 빵, 케이크 만드는 데 필요한 기구와 각종 향신료, 포장 및 파티 재료, 제과제빵 서적에 이르기까지 다양한 상품을 구비하고 있어요. 또한 레시피에 쓰였던 재료들을 구할 수 있어 편리해요.

e홈베이커리(http://www.ehomebakery.com)
다른 곳과 달리 유기농 코너가 따로 있어 유기농 베이킹 재료를 구입하기 쉬워요. 유기농 쿠키 만들기 재료와 밀가루, 설탕, 와플믹스 등 각종 수입 유기농 제품, 다양한 홈베이킹 재료와 포장제품을 구입할 수 있어요.

베이킹스쿨 홈베이킹(http://www.bakingschool.co.kr)
홈메이드 홈베이킹 전문 사이트로 홈베이킹 재료와 도구에 대한 정보가 많아요. 다양한 레시피가 있어 좋으며 레시피에 필요한 재료가 따로 나와 구입하기 쉬워요. 또한 떡 재료도 구입할 수 있어요.

해피베이킹(http://www.happybaking.com)
방산종합시장A동에 매장이 있어 오프라인과 온라인으로 구입이 가능하며 베이킹 재료도 다양해요. 또한 포장 재료들이 다양해서 선택의 폭이 넓어요.

베이킹119(https://www.baking119.com)
부산 남포동에 매장이 있어 오프라인과 온라인으로 다양한 재료와 도구를 살 수 있어요. 여러 가지 포장 재료나 케이크 상자들도 많답니다. 부산에서는 이곳에서 거의 모든 홈베이킹 재료를 구입할 수 있어요.

이렇게 활용하세요

막상 요리놀이를 시작하려고 하니 망설여지기도 하고 어떻게 준비해야 할지 걱정하는 분들을 위해 이 책을 조금 더 효과적으로 활용할 수 있는 법을 알려 드릴게요.

아이와 함께 연령에 맞는 요리를 선택하세요
아이와 함께 만들기 좋고 아이가 잘 먹을 수 있는 요리 80가지를 연령에 따른 요리로 나눠 두었어요. 아이에게 '우리 어떤 요리를 해볼까?' 물어보면서 함께 요리를 골라 보세요. 처음에는 아이가 좋아하는 재료를 사용하고 쉽게 만들 수 있는 요리부터 시작하세요.

요리 과정에 있는 말풍선과 요리놀이 대화법을 확인하세요
요리 과정마다 관련 요리 팁이나 주의해야 될 점, 어떻게 교육해야 하는지를 말풍선에 담았어요. 또 부록에 있는 "요리하며 대화하기"를 통해 어떤 대화를 하고, 어떤 질문을 할 것인지 미리 확인해서 생각하고 요리놀이를 시작하세요.

요리하기 전에 "이런 점이 좋아요" 라는 부분을 읽어보세요
요리 활동이 아이에게 어떤 교육적 효과가 있는지 엄마가 먼저 알고 있어야 해요. "이런 점이 좋아요"를 읽어 보고 요리를 통해 얻을 수 있는 교육적 효과를 숙지해 주세요. 혹시 모르는 점이 있다면 미리 자료를 찾아 아이 수준에 맞는 설명을 할 수 있도록 준비해 두세요.

요리하기 전에 필요한 재료와 도구를 확인하세요
아이와 자주 요리를 하는 경우에는 주방 한쪽에 아이용 조리도구를 따로 두어 요리에 필요한 도구를 쉽게 아이가 찾을 수 있도록 하는 것도 좋아요. 엄마가 재료를 준비하는 동안 아이는 요리에 필요한 도구들을 준비하는 것도 좋답니다. 분량이 표기가 안 된 양념이나 장식용 재료는 입맛에 맞게 넣으세요.

"요리하며 놀아요"를 확인하세요
요리를 하는 동안이나 하고 나서 요리 재료나 완성된 요리로 할 수 있는 놀이 정보가 있어요. 요리하기 전에 어떤 놀이가 있는지, 언제 하는 놀이인지를 확인해서 적절한 놀이를 할 수 있도록 하세요.

 이 책을 토대로 아이와 함께할 수 있는 1년간 요리놀이 스케줄을 만들어 보세요. 만들 때 요리놀이가 어디에 좋은지를 확인하고 주의사항 10가지를 프린트해서 아이와 요리하는 주방에 붙여 두고 요리놀이를 할 때마다 읽어 보는 것도 좋아요.

Part 1
Cooking Play

아이와 처음하는
간단 요리

처음 시작하는 요리놀이!

요리놀이에 흥미를 갖게 하고

소근육과 대근육의 발달을 도와주는

간단하고 쉬운 요리로 시작해 보세요.

처음 접하는 새로운 놀이에 호기심이 가득해져요.

요리 꾹꾹 조리 꾹꾹
내맘대로 주먹밥

25개월 이상

찬밥이 남았을 때 반짝하고 떠오르는 음식이 바로 주먹밥이죠.
주먹밥을 만들면서 천덕꾸러기 찬밥도 해결하고 아이의 창의성도 높일 수 있어요.
손으로 조물조물 밥을 뭉치고 김을 잘게 찢으면서 아이의 소근육도 발달시켜 보세요.

이런 점이 좋아요

창의력

★ 창의력 있게 꾸밀 수 있어요.
★ 뭉치고 섞는 동작을 통해 소근육을 발달시킬 수 있어요.

 **이런 것이 필요해요**

밥 1공기, 깨소금 1작은술
밥 양념 다진 김치 2큰술, 참치 1큰술, 조미된 김 2장, 깨소금 1/2큰술, 검은깨 1/2큰술, 참기름 조금
장식용 고물 김가루, 다진 게맛살, 깨소금 조금
도구 볼, 숟가락, 위생팩(비닐봉지), 비닐장갑
TIP 밥은 데워서 사용하세요.

김은 손으로 잘게 찢어 넣어요. 볼에 넣을 때는 "펄펄 눈이 옵니다. 하늘에서 김 눈이 옵니다."처럼 노래를 부르며 뿌려 주세요.

김가루는 구운 김을 봉지에 넣고 부수면 쉽게 만들 수 있어요.

1 볼에 밥과 밥 양념을 넣고 섞어 주세요.

2 섞은 밥을 여러 가지 모양으로 만들어 주세요.

3 위생팩(비닐봉지)에 장식용 고물을 넣어 주세요.

동그라미와 세모를 이용해 강아지를 만들고, 동그라미만 모아 애벌레를 만들어요. 동그라미와 네모로 자동차도 만들어 보세요.

4 만든 주먹밥을 위생팩(비닐봉지)에 넣어 흔들어 주세요.

5 고물을 입힌 주먹밥을 그릇에 담고 다양한 모양으로 만들어 주세요.

요리하며 놀아요

Hint 2번 과정 응용놀이

단 하나뿐인 나만의 주먹밥

재료 양념 넣은 주먹밥

1 엄마가 어느 정도 모양을 잡아 주고 아이가 모양을 만들 수 있게 해주세요.
TIP 만 4세 이전의 아이들은 동그라미, 네모 등의 모양을 만들기 힘들어요. 이럴 땐 한 숟가락 정도의 밥을 아이에게 주고 아이가 만들고 싶어 하는 모양을 만들게 해도 좋아요.
2 동그라미, 세모 등의 모양으로 주먹밥을 만들어 강아지, 자동차 등을 만들어 보세요.

말랑말랑 쫄깃쫄깃
가래떡매실차

25개월 이상

아이가 피곤해서 입맛이 없을 때 새콤달콤한 매실에 말랑말랑하고 쫄깃쫄깃한 가래떡을 넣은 매실차를 만들어 보세요.
기운을 회복시켜 주고 소화불량에도 좋아서 피곤함은 가고 씩씩한 아이로 변신할 거예요.
가래떡을 이용해 놀이를 하면서 가래떡의 촉감을 느껴 보세요.

이런 점이 좋아요 _수학_
- ★ '길다' '짧다' 길이 비교를 할 수 있어요.
- ★ 가래떡의 생김새와 촉감을 알 수 있어요.

 이런 것이 필요해요
말랑한 가래떡 1줄, 매실청 8큰술, 물 3컵, 얼음 4알
도구 도마, 칼, 같은 크기와 모양의 유리컵이나 볼

가래란? 둥글고 길게 된 도막의 수를 세는 순우리말이에요.

가래떡을 자를 때 칼에 물을 묻히고 자르면 붙지 않고 잘 잘려요.

1 가래떡을 살펴보세요.

2 길이가 다르게 3토막으로 잘라 주세요.

3 가래떡을 먹기 좋게 잘라 주세요.

어느 것이 많고 적은지 물어 보면서 '많다' '적다' 의 개념을 알려 주세요.

4 물에 매실청을 넣고 섞어 주세요.

5 볼이나 컵에 ④를 나눠 담아 주세요.

6 자른 가래떡과 얼음을 컵에 넣어 주면 완성!

요리하며 놀아요

Hint 1번 과정 응용놀이

가래떡 길이 재기

재료 가래떡, 줄자, 실

1 자르지 않은 긴 가래떡을 깨끗한 식탁에 두고 손뼘으로 어느 정도인지 어림짐작해서 재 보세요.
2 줄자와 실로도 재 보고 집에서 가래떡보다 긴 것을 찾아보세요.

알록달록 야채를 섞어
콘 샐러드

25개월 이상

'섞다' '자르다' '옥수수' 등의 글자를 알아보며 요리를 해보세요.
요리를 통해 쉽게 언어 교육을 할 수 있답니다. 콘샐러드를 만들면서 요리할 때 동작을 표현하는 동사도 알아보고
요리 재료인 옥수수도 알아보세요. 간단히 낱말카드를 만들어도 좋겠죠?

이런 점이 좋아요
언어
★ '섞다' '자르다' '옥수수' 등의 글자를 알 수 있어요.
★ 재료를 자르며 소근육을 발달시킬 수 있어요.

 이런 것이 필요해요

옥수수알 2컵, 여러 가지 색깔 파프리카 1/8개씩, 맛살 1개
소스 마요네즈 2큰술, 소금 조금, 후춧가루 조금
도구 도마, 칼, 볼, 숟가락, 체

통조림 옥수수알이 달기 때문에 뜨거운 물로 단 성분을 빼는 거예요.

이때 '자르다'라는 낱말카드를 보여주며 '자르다'를 여러 번 반복해서 알려 주세요. 파프리카의 다양한 색깔을 알려 주세요.

1 옥수수알은 체에 밭쳐 물기를 빼 주세요.

2 뜨거운 물을 부은 뒤 물기를 한 번 더 빼 주세요.

3 파프리카는 옥수수알처럼 작게 잘라 주세요.

아이가 마음껏 섞을 수 있도록 큰 볼을 사용하면 재료가 밖으로 나오지 않아요.

4 맛살을 손으로 찢어 주세요.

5 볼에 옥수수와 자른 파프리카, 찢은 맛살을 넣어 주세요.

6 마요네즈, 소금, 후춧가루를 뿌려 섞어 주면 완성!

Hint 완성 후 응용놀이

파프리카 그릇과 글자 만들기

재료 파프리카, 옥수수알, 맛살 등

1 아이가 좋아하는 색의 파프리카를 잘라 씨를 빼 주면서 파프리카 속을 관찰하세요.

TIP 씨를 빼는 동작에 아이가 관심을 보이면 아이와 함께 빼 주세요.

2 속이 빈 파프리카에 샐러드를 만들고 남은 옥수수알, 맛살 등을 담아 주세요.

3 만들고 남은 색색의 파프리카를 이용해 다양한 글자도 만들어 보세요.

파란 바다에 수박이 풍덩~
수박 화채

> 25개월 이상

여름 더위를 식혀 줄 시원한 수박화채를 만들어 보세요.
그냥 만들면 심심하겠죠? 수박 껍질과 씨는 버리지 말고 놀이를 해보세요.
수박화채도 먹고 놀이도 하니, 아이들에겐 이런 천국이 따로 없어요.

이런 점이 좋아요
수학
★ 다양한 도형에 대해 알 수 있어요.
★ 눈과 손의 협응력을 발달시킬 수 있어요.

 이런 것이 필요해요

수박 1/8통, 파란색 음료 2컵, 사이다 1컵, 얼음 10알
도구 도마, 칼, 볼, 다양한 모양의 쿠키 커터

1 수박을 네모, 세모 모양으로 잘라 주세요.

2 쿠키 커터를 이용해서 다양한 모양으로 찍어 주세요.

파란색 음료는 시중에 파는 이온음료나 어린이 음료를 사용하면 돼요. 사이다와 음료가 섞이는 소리를 들어 보고 소리를 따라해 보세요.

3 볼에 파란색 음료와 사이다를 섞어 주세요.

네모 수박 물고기 풍덩, 세모 수박 물고기 풍덩!

4 다양한 도형을 찾아 볼에 넣어 주세요.

아이와 시원하게 할 수 있는 방법에 대해 이야기를 나눠 보세요.

5 시원하게 먹을 수 있도록 얼음을 넣어 주세요.

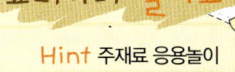

Hint 주재료 응용놀이

누가누가 멀리 가나!

재료 수박 껍질, 수박 씨

1 수박 껍질을 작은 네모 모양으로 잘라 주세요.
2 시작 선을 정하고 수박 껍질을 손가락으로 튕겨 보세요.
3 멀리 가는 사람이 이기는 거예요.
TIP 수박 씨를 이용해도 된답니다.

달콤한 소스에 과일을 콕 찍어
과일퐁듀

`30개월 이상`

복잡하지 않아서 아이와 처음 요리하는 엄마들이 할 수 있는 메뉴예요.
후식으로 과일을 준비할 때 아이와 함께 만들어 보세요.
과일의 이름과 특징을 알게 되고 꼬치나 포크에 꽂으면서 순서의 개념도 알 수 있답니다.

이런 점이 좋아요
언어+수학

★ 과일의 이름과 특징에 대해 알 수 있어요.
★ 순서의 개념을 알 수 있어요.

 이런 것이 필요해요

바나나 1개, 키위 1개, 포도 10알, 사과 1/4개, 파인애플 1/4통
소스 플레인 요거트 1/2컵, 블루베리잼 1큰술
도구 도마, 칼, 꼬치, 볼, 숟가락

과일을 물에 넣고 씻으면서 과일 이름을 알아보고 만졌을 때 느낌을 표현할 수 있게 하세요.

1 과일을 깨끗하게 씻어 주세요.

2 과일을 자를 때 개수를 정해서 잘라 주세요.

꼬치 끝이 뾰족해서 아이가 다칠 수 있으니 바닥에 과일을 두고 '콕' 찍어 꽂아 주세요.

3 꼬치에 사과→키위, 파인애플→포도 등 일정한 순서를 정해 꽂아 주세요.

섞을 때 그냥 섞지 말고 "섞는다 ♬ 섞는다 ♪ 섞는다 ♪" 리듬감 있게 말하며 섞어 주세요.

4 플레인 요거트와 블루베리잼을 섞어 소스를 만들어 주세요.

5 꼬치에 꽂은 과일을 소스에 찍어 먹어요.

요리하며 놀아요

Hint 완성 후 응용놀이

과일 이름 맞추기

재료 꼬치에 꽂을 과일, 소스

1 과일을 꼬치에 꽂은 뒤 접시에 담아 준비하세요.
2 사과가 있는 꼬치를 찾아보세요.
3 찾은 과일이 꼬치에 있는지를 확인해 주세요.
4 과일 이름을 말하고 소스에 찍어 먹어요.
TIP 아이가 놀이 방법을 이해하지 못하면 엄마가 시범을 보여 주세요.

사르르 눈이 감기고 침이 고이는
통닭집 무

30개월 이상

아이들이 좋아하는 통닭~~! 통닭보다 따라오는 무를 더 좋아하는 아이들도 있죠?
새콤달콤해서 아이들이 잘 먹는 통닭집 무를 만들어 보세요.
통닭집 무를 만들면서 물의 특징에 대해 알아볼까요?

이런 점이 좋아요 과학+수학
★ 물에 섞이는 것과 안 섞이는 것을 알 수 있어요.
★ 수의 개념을 알 수 있어요.

 이런 것이 필요해요

무 1/4개, 식초 1컵, 물 1컵, 설탕 1컵, 사이다 1/2컵, 소금 1/2큰술, 월계수 잎 4장, 통후추 30알
도구 전자레인지, 도마, 칼, 볼, 숟가락, 밀폐 유리병

무는 막대 크기로 미리 잘라 두어 아이가 쉽게 자를 수 있게 하세요. 무를 하나 먹어 보고 맛을 알아볼 수 있어요.

1 무는 한입 크기로 잘라 주세요.

2 볼에 식초, 물, 설탕, 소금을 넣고 섞어 주세요.

3 ②를 전자레인지에 넣고 1분 정도 돌려 주세요.

유리병에 담을 때 수의 개념을 알 수 있도록 '하나' '둘' '셋' 숫자를 세면서 담아 주세요.

4 밀폐 유리병에 자른 무를 담아 주세요.

끓인 물이 뜨거우므로 작은 주전자나 계량컵에 담아 아이가 붓기 편하게 해주세요.

5 무를 담은 유리병에 ③과 사이다를 붓고 월계수 잎과 통후추를 넣어 주세요.

6 뚜껑을 꼭 닫아 한번 뒤집어 준 후 1~2일 정도 냉장고에 보관한 다음에 먹어요.

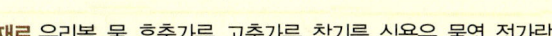

Hint 주재료 응용놀이

섞기 실험

재료 유리볼, 물, 후춧가루, 고춧가루, 참기름, 식용유, 물엿, 젓가락

1 유리볼에 물을 넣어요.
2 물이 든 유리볼에 각각의 재료를 넣고 섞어 보세요.
3 물에 녹는 것과 녹지 않는 것을 알아보고 서로 같은 것끼리 나누어 보세요.

동글동글 몸에 뾰족뾰족 가시가 났어요
고슴도치 고구마 시리얼범벅

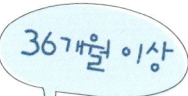
36개월 이상

너무나도 귀여운 고슴도치. 하지만 등에 있는 가시 때문에 잘못 만지면 아파요.
동물원에 가서 직접 볼 수 없다면 집에서 아이와 함께 만들어 보는 건 어떨까요?
아이가 좋아하는 동물을 직접 만들어 보면서 각 동물들의 특징이 어떤지 알아보세요.

이런 점이 좋아요
언어+창의력
★ 고슴도치의 특징을 알 수 있어요.
★ 창의력 있게 꾸밀 수 있어요.
★ 으깨고 부수는 동작을 통해 소근육과 대근육을 발달시킬 수 있어요.

 이런 것이 필요해요

삶은 고구마 2개, 시리얼 1/2컵, 여러 종류 견과류 1/4컵, 올리고당 1큰술
장식용 건포도 2알, 동그라미 초콜릿 1알
도구 볼, 숟가락, 으깨기, 기름종이, 밀대(방망이)

'으깨다'를 반복하며 으깨는 동작에 대해 알려 주세요.

기름종이가 없다면 쿠킹호일을 사용하세요. 으깨거나 부수는 것은 아이들이 좋아하는 동작이랍니다. 리듬감을 살리며 신나게 부술 수 있도록 도와주세요.

1 삶은 고구마는 껍질을 벗겨 주세요.

2 껍질을 벗긴 고구마를 으깨기로 으깨 주세요.

3 기름종이에 여러 가지 견과류를 올리고 방망이로 부숴 주세요.

아빠, 엄마, 아기 고슴도치도 만들어 꾸며 보세요. 크기의 개념도 알게 되고 창의력도 키울 수 있답니다.

4 으깬 고구마에 부순 견과류와 올리고당을 넣고 섞어 주세요.

5 ④를 덩어리로 뭉쳐 고슴도치 몸을 만들어 주세요.

6 시리얼로 가시, 건포도로 눈, 초콜릿으로 코를 만들어 보세요.

요리하며 놀아요

Hint 2번 과정 응용놀이

고구마 연습장

재료 으깬 고구마, 젓가락, 접시

1 으깬 고구마를 접시 위에 놓고 평평하게 만드세요.
2 젓가락을 이용해서 '고구마' '고슴도치' 글자를 적어 보세요.
3 '엄마' '아빠' 같은 단어도 적어 보세요.

상상 속의 입 큰 괴물이 눈앞에 나타났어요 `36개월 이상`

크루아상 샌드위치

"으아~~ 괴물이다!" 무서워하지만 왠지 모르게 호기심을 갖게 되는 괴물!!
과연 우리 아이들이 생각하는 괴물은 어떤 모습일까요? 아이들이 상상하는 괴물을 샌드위치로 만들어 보세요.
아이의 놀랄 만한 상상력을 발견하게 될 거예요.

이런 점이 좋아요
언어+창의력
★ 자유롭게 상상해 볼 수 있어요.
★ 창의력 있게 꾸밀 수 있어요.

이런 것이 필요해요

크루아상 2개, 양상추 잎 2장, 치즈 2장, 크래미 2개, 참치 2큰술, 피클 6개
소스 마요네즈 1큰술, 인스턴트 카레가루 1/2작은술
장식용 방울토마토 6알, 피클 8개, 케첩
도구 도마, 칼, 볼, 숟가락, 이쑤시개

카레가루 냄새를 맡아 보고 어떤 냄새가 나는지 이야기를 나누세요.

1 볼에 소스 재료를 넣고 섞어 주세요.

이때 끝이 잘리지 않도록 하세요. "난 크루아상 괴물이다"라며 괴물 흉내를 내보세요.

2 크루아상을 반으로 잘라 주세요.

3 크루아상에 소스를 발라 주세요.

크루아상에 내용물을 넣을 때 "크루아상 괴물이 양상추를 먹어요." "크루아상 괴물이 치즈를 먹어요." 이렇게 말하며 넣어 보세요.

4 크루아상에 양상추→치즈→크래미→참치→피클 순서로 넣어 주세요.

5 이쑤시개로 샌드위치를 고정시켜 주세요.

6 방울토마토, 피클, 케첩으로 괴물을 꾸며 주세요.

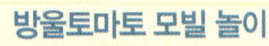

Hint 완성 후 응용놀이

방울토마토 모빌 놀이

재료 방울토마토, 이쑤시개

1 방울토마토에 이쑤시개를 꽂아 주세요.
2 여러 개의 방울토마토를 꽂아 가며 여러 가지 모양을 만들어 보세요.
3 미로 모양 같은 모빌을 만들어 보세요.

오렌지 마을에서 새로 태어난
오렌지 젤리

36개월 이상

오렌지는 그냥 먹어도 맛있지만 우리 아이가 좋아하는 젤리를 만들어 먹으면 더 맛있겠죠?
젤리 만들기를 통해 물질이 기체, 액체, 고체의 세 가지 상태뿐만 아니라 액체도 고체도 아닌 반고체 상태로도
존재할 수 있다는 것을 알려 주세요. 마음껏 꾸며 보면서 창의력도 키워 보세요.

이런 점이 좋아요
과학 + 창의력
★ 액체에서 고체로 변하는 과정을 관찰할 수 있어요.
★ 창의력 있게 꾸밀 수 있어요.

 이런 것이 필요해요

오렌지 2개, 오렌지 주스 1/2컵, 설탕 1/2컵, 불린 젤라틴 3장(찬물에 3~5분 정도 담가 두면 돼요.)
장식용 방울토마토, 키위
도구 도마, 칼, 볼, 숟가락, 냄비, 즙짜기

오렌지 속을 뺄 땐 숟가락이나 칼을 이용해 오렌지 안쪽으로 한 바퀴 돌려 쏙 빼세요.

설탕은 뜨거운 것과 섞이면 녹는다는 것을 알려 주세요.

1 오렌지를 깨끗하게 씻은 후 윗부분을 자르고 과육을 빼 주세요.

2 속을 뺀 오렌지 과육을 즙짜기에 넣고 즙을 짜 주세요.

3 냄비에 오렌지 즙, 오렌지 주스, 설탕을 넣고 설탕이 녹을 때까지 끓여 주세요.

오렌지 마을에 키위와 방울토마토가 놀러 왔어요. "룰루 랄라"

4 ③에 불린 젤라틴을 넣은 후 속을 판 오렌지에 부어 주세요.

5 접시에 ④를 조금 담고 오렌지를 중간에 담아 주세요.

6 방울토마토와 키위로 주변을 꾸민 후 냉장고에 2~3시간 동안 두어 굳히세요.

요리하며 놀아요

Hint 완성 후 응용놀이

젤라틴 그림 그리기

재료 젤라틴 2~3장, 여러 가지 색의 물감, 젤라틴 불릴 찬물, 종이 1장

1 젤라틴을 물에 불린 후 접시에 찐득하게 풀어 주세요.
2 다양한 색의 물감과 섞어 여러 종류의 색을 만들어 주세요.
3 종이에 그림을 그린 후 냉장고에 5분 정도 두어 젤라틴을 굳혀 주세요. 멋진 젤라틴 그림 완성~~

빨간 모자로 멋부린 김밥
단무지참치데마끼

42개월 이상

아이들이 좋아하는 김밥. 하지만 만들기 귀찮을 때가 있죠? 그럴 때 데마끼를 만들어 보세요.
데마끼(てまき)란 손으로 만 일본식 김밥이랍니다.
아이와 함께 데마끼를 만들며 여러 가지 동식물도 만들어 보세요.

이런 점이 좋아요
수학+창의력
★ 나누기 개념을 알 수 있어요.
★ 창의력 있게 꾸밀 수 있어요.
★ 삼각뿔에 대해 알 수 있어요.

 이런 것이 필요해요

밥 1공기, 김밥용 단무지 3줄, 참치 3큰술, 김밥용 김 3장
밥 양념 소금 조금, 깨소금 조금, 참기름 조금
장식용 방울토마토
도구 도마, 칼, 볼, 숟가락, 가위

아이가 너무 신나게 섞다 보면 밥이 떡처럼 될 수 있으니 섞는 횟수를 정한 후 섞어 주세요.

아이가 직선으로 자르는 것이 힘들긴 하지만 엄마와 함께 집중하면서 자르면 집중력 향상에 도움을 줘요.

1 볼에 밥과 양념을 넣고 섞은 후 밥을 12개로 나눠 타원형으로 뭉쳐 주세요.

2 단무지는 가늘고 길게 잘라 주세요.

3 김은 반으로 자른 후 다시 반으로 잘라 주세요.

데마끼를 이용해 토끼의 귀, 잠자리의 날개, 꽃잎 등을 만들어 보세요.

4 네모 김, 단무지, 밥을 넣고 삼각뿔 모양으로 돌돌 말아 주세요.

5 참치를 얹고 방울토마토를 올려 주세요.

6 만든 여러 개의 데마끼를 이용해 다양한 모양을 만들어 보세요.

요리하며 놀아요

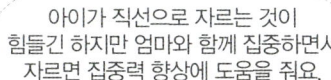

Hint 3번 과정 응용놀이

삼각뿔 모양 찾기

재료 김

1 김을 이용해 삼각뿔 모양을 만들어요.
2 어떤 모양이 상상되는지 주위에서 찾아보세요.
TIP 아이스크림 콘, 고깔모자, 고깔 모양 과자, 도깨비 뿔, 응원용 나팔 등이 있어요.
3 손가락에 삼각뿔 김을 끼고 여러 동물의 흉내를 내보세요.

Part 2
Cooking Play

요리 재미가 커지는
조리기구 요리

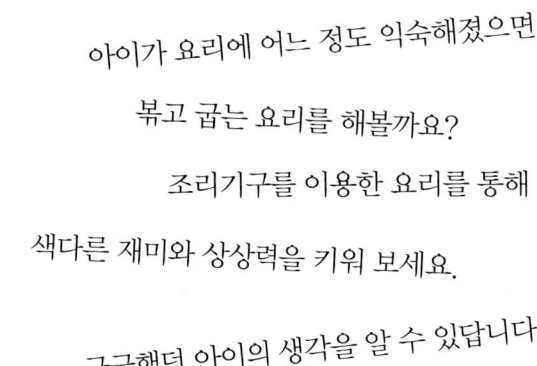

아이가 요리에 어느 정도 익숙해졌으면

볶고 굽는 요리를 해볼까요?

조리기구를 이용한 요리를 통해

색다른 재미와 상상력을 키워 보세요.

궁금했던 아이의 생각을 알 수 있답니다.

매운 마늘이 요술을 부렸어요
마늘빵 스틱

30개월 이상

식빵을 사면 한두 장은 항상 남게 되지요.
잼에 발라 먹거나 구워 먹기에는 부족하다고 느낄 때 마늘빵을 만들어 보세요.
매운 마늘이 달콤해지면 마늘을 싫어하던 아이도 마늘을 사랑하게 될 거예요.

이런 점이 좋아요
수학+과학
★ 버터의 변화 과정을 알 수 있어요.
★ '넓다' '좁다' 개념을 알 수 있어요.

 이런 것이 필요해요

식빵 3장, 버터 3큰술, 마늘 3쪽, 설탕 1큰술
도구 오븐, 도마, 칼, 숟가락, 볼, 방망이, 위생팩(비닐봉지)

마늘을 으깰 때 어떤 소리와 어떤 냄새가 나는지 관찰해 보세요.

1 위생팩(비닐봉지)에 마늘을 넣고 방망이로 으깨 주세요.

아이가 마늘을 넣기 싫어하면 엄마용, 아이용으로 따로 만들고 완성된 요리의 맛을 비교해 보는 것도 좋아요.

2 다진 마늘과 버터, 설탕을 섞어 주세요.

아이가 자르다가 식빵을 찢을 수도 있어요. 엄마와 함께 직선으로 자를 수 있도록 하고 아이가 혼자 자르다 잘못 잘라도 그대로 사용하세요.

3 식빵을 스틱 모양으로 잘라 주세요.

4 식빵에 ②를 발라 주세요.

5 180℃ 오븐에서 10~12분 정도 구워 주세요.

6 설탕을 살짝 뿌려 주세요.

요리하며 놀아요

Hint 완성 후 응용놀이

마늘빵스틱으로 모양 만들기

재료 마늘빵스틱

1 마늘빵스틱으로 창문을 만들어 보세요.
2 세모 모양, 네모 모양을 만들어 보세요.
3 화살표 모양을 만들어 보세요.
4 마음껏 다른 모양도 만들어 보세요.

영양만점 망고가 병 속에서 흔들흔들~

망고 셰이크

36개월 이상

망고를 이용해 시원한 셰이크를 만들어 보세요.
'셰이크'의 뜻처럼 재료를 넣고 신나게 흔들어 보는 것도 좋겠죠?
멋진 꼬마 바텐더가 되어 신나게 흔들면서 자신의 생각을 표현해 보고 스트레스도 풀어 보세요.

이런 점이 좋아요

창의력

★ 믹서의 소리를 다양하게 표현할 수 있어요.
★ 망고에 대해 알 수 있어요.

 이런 것이 필요해요

망고 1개, 우유 1/4컵, 얼음 5알, 올리고당 1큰술
도구 숟가락, 믹서, 입구가 넓은 페트병

1 망고의 과육을 숟가락으로 파 주세요.

아이가 믹서 소리를 무서워 할 수 있으니 믹서를 사용하기 전에 사용법과 주의사항을 알려 주세요.

2 우유와 ①을 믹서로 갈아 주세요.

아이와 함께 페트병에 담아 보세요. 믹서에서 나는 소리와 페트병에서 나는 소리가 어떻게 다른지 알아보고 표현해 보세요.

3 페트병에 ②와 올리고당을 넣어 주세요.

망고와 유우를 갈 때와 얼음을 갈 때의 소리를 비교해 보세요.

4 얼음을 믹서에 갈아 주세요.

5 페트병에 간 얼음을 넣고 신나게 흔들어 완성하세요.

Hint 5번 과정 응용놀이

꼬마 바텐더 놀이

재료 셰이크를 만든 후 남은 재료, 페트병, CD 플레이어, 동요 CD

1 남은 재료를 얼음과 함께 갈아 페트병에 넣어 주세요.
2 신나게 음악을 틀어 놓고 음악에 맞춰 페트병을 열심히 흔들어 보세요.
3 "오~예!" "야호~" "이~히" 등 흥겨울 때 할 수 있는 다양한 추임새를 내 보세요.

야채랑 소시지랑 식빵 속으로
주머니속 샌드위치

36개월 이상

주머니 속 샌드위치는 과연 어떤 요리일까요? 주머니에 물건을 담는 것처럼
빵 속에도 맛있는 음식을 담은 샌드위치랍니다. 아이들은 빵 주머니에 어떤 음식을 담을까요?
좋아하는 재료를 주머니 속에 가득 담아 보고 멋지게 꾸며 보세요.

이런 점이 좋아요
수학+창의력

★ 삼각형, 사각형의 모양과 변의 개수를 알 수 있어요.
★ 창의력 있게 꾸밀 수 있어요.

 이런 것이 필요해요

식빵 4장, 소시지 4알, 베이컨 2장, 치즈 2장, 슬라이스 피클 6개, 양상추 잎 2장, 버터 조금
장식용 케첩, 방울토마토, 포도, 파슬리
도구 도마, 칼, 숟가락, 프라이팬, 나무주걱, 포크

50

식빵 테두리를 자르면서 네모의 선이 몇 개인지 알아보세요.

1 식빵은 테두리를 자르고 두 장을 겹쳐 주세요.

식빵이 찢어질 수 있으므로 촉촉한 식빵을 사용하세요. 식빵이 잘 붙지 않으면 테두리에 물을 묻혀 포크로 눌러 주세요.

2 두 장으로 겹친 식빵 테두리를 포크로 꾹꾹 눌러 주세요.

3 프라이팬에 버터를 녹여 식빵을 앞뒤로 구워 주세요.

4 소시지와 베이컨은 먹기 좋게 자른 후 구워 주세요.

아이가 한 가지 종류만 담고 싶어 한다면 하나 정도는 아이의 의견에 따라 만들어 보고 다른 것은 다양한 재료를 넣을 수 있게 하세요.

5 구운 식빵을 반으로 자른 후 식빵 주머니에 양상추→피클→치즈→소시지→베이컨 순서로 담아 주세요.

6 케첩, 방울토마토, 포도, 파슬리로 자동차, 비행기 등 세모로 만들 수 있는 것을 만들어 보세요.

요리하며 놀아요

Hint 완성 후 응용놀이

숫자 만들기

재료 식빵 테두리, 숫자카드

1 식빵 테두리를 작은 네모로 잘라 주세요.
2 숫자카드를 보고 식빵 테두리를 이용해 숫자를 만들어 보세요.
3 숫자를 읽어 보세요.
TIP 숫자 놀이 후에 자른 식빵 테두리는 요거트에 찍어 먹으면 맛있어요.

더 부드럽게, 더 달콤하게
바나나푸딩!

36개월 이상

우리 아이들이 좋아하는 바나나. 그냥 먹는 것이 싫어졌다면 바나나푸딩을 만들어 보세요.
바나나의 생김새나 원산지 등을 알아보며 바나나에 대한 관찰 그림을 그려 보는 것도 좋겠죠?
달콤한 바나나와 부드러운 달걀의 만남~! 아이들 영양 간식으로 아주 그만이에요.

이런 점이 좋아요 언어
★ 바나나의 특징에 대해 이야기를 나눌 수 있어요.
★ 푸딩의 뜻을 알 수 있어요.

 이런 것이 필요해요

바나나 2개, 물 1/4컵, 우유 1컵, 달걀 2개, 달걀노른자 2개, 설탕 1/2컵
도구 오븐, 도마, 칼, 볼, 숟가락, 거품기, 체, 오븐용 그릇

푸딩이란? 서양식 연한 생과자인데 달걀, 우유, 크림, 설탕, 향료를 섞어 굽는 요리랍니다.

바나나를 자르기 전에 바나나의 생김새와 모양, 냄새 등을 관찰하고 이야기를 나누세요.

1 볼에 물, 우유, 달걀, 달걀노른자, 설탕을 넣어 주세요.

2 거품기로 섞은 후 체에 내려 주세요.

3 바나나는 먹기 좋게 잘라 주세요.

오븐 속에서 과연 어떤 일이 생길까요? 기다리면서 이야기를 나누세요.

4 ②와 자른 바나나를 섞어 주세요.

5 ④를 오븐용 그릇에 3/4 정도 담아 주세요.

6 170℃로 예열된 오븐에서 25~30분 정도 구워 주세요.

요리하며 놀아요

Hint 3번 과정 응용놀이

바나나 껍질 놀이

재료 바나나 껍질

1 바나나의 껍질을 벗겨 주세요.
2 벗긴 바나나 껍질을 손으로 찢어 주세요.
3 바나나 껍질로 원하는 모양을 만들어 보고 껍질의 느낌을 말해 보세요.

커지는 아이스크림의 비밀
과일 요거트 아이스크림

36개월 이상

여름이 되면 아이들이 가장 좋아하는 것은 아이스크림이죠. 그렇지만 시중에서 파는 것을 먹이기는 마음이 놓이지 않아요. 이젠 걱정하지 말고 아이와 아이스크림을 만들어 보세요. 과연 아이스크림 속에는 어떤 과학이 숨어 있을까요?

이런 점이 좋아요
과학
★ 액체와 고체의 상태에 대해 알 수 있어요.
★ 물의 부피 팽창에 대해 알 수 있어요.

 이런 것이 필요해요

떠 먹는 무가당 요거트 1,000ml, 생크림 1컵, 올리고당 4큰술, 키위 1개, 망고 1개
도구 도마, 칼, 숟가락, 냉동용 용기

과일의 종류는 입맛에 따라 바꿔도 돼요.

1 키위, 망고를 작게 잘라 주세요.

2 냉동용 용기에 요거트와 생크림, 올리고당을 넣고 섞어 주세요.

3 ②에 자른 과일을 넣고 섞어 주세요.

그릇에 선을 표시해 주세요.

4 냉동실에 얼려 주세요.

내용물이 어떻게 변했는지 알아보고 내용물의 부피는 어떻게 되었는지 알아보세요.

5 3~4시간 얼린 후 한 번 섞어 주고 다시 얼려 주세요.

집에서 요거트 만드는 법

우유 1,000ml와 마시는 요구르트 150ml를 섞은 후 유리병에 담아 전기밥솥에 넣고 유리병에 담긴 내용물만큼 전기밥솥에 물을 넣으세요. 보온으로 6~8시간 정도 보관하면 맛있는 요거트가 완성돼요.

주의 전기밥솥과 유리병 뚜껑을 닫지 마세요.

Hint 4번 과정 응용놀이

아이스크림 관찰하기

재료 아이스크림 틀, 요거트

1 요거트를 얼리기 전에 아이스크림 틀에 양을 각각 다르게 담은 후 선을 표시하세요.
2 요거트를 냉동실에 얼려 주세요.
3 2~3시간 정도 얼리고 난 후 요거트가 어떻게 변했는지 알아보세요.
4 부피가 더 커진 아이스크림에 대해 설명해 주세요.

TIP 부피가 늘어난 이유 물은 얼음으로 될 때 모양이 변해요. 액체인 물은 납작하기도 하고 동그랗기도 하지만 고체인 얼음은 육각형 모양을 하고 있어요. 그래서 물이었을 때보다 얼음으로 변신했을 때 부피가 10% 정도 늘어나는 거예요.

돌돌 말아~ 말아~
가래떡 베이컨말이꼬치

42개월 이상

가래떡을 이용해 아이와 함께 맛있는 꼬치를 만들어 보세요.
떡을 싫어하는 아이도 베이컨을 말아서 꼬치에 꽂아 만들면 신기하게도 잘 먹을 거예요.
만들고 나면 아이보다 아빠가 더 좋아해요.

이런 점이 좋아요 수학
★ 원기둥에 대해 알 수 있어요.
★ 순서의 개념에 대해 알 수 있어요.

 이런 것이 필요해요

가래떡 2줄, 베이컨 4장, 올리브유 조금
소스 케첩 2큰술, 물 2큰술, 설탕 1/2큰술, 고추장 1/2큰술, 깨소금 조금
도구 도마, 칼, 가위, 프라이팬, 꼬치, 체

가래떡을 잘라 세운 후 옆과 위에서 보면서 원기둥의 특징에 대해 알아보세요.

베이컨은 그냥 먹으면 아이 입맛에 짤 수 있어요. 뜨거운 물에 살짝 데쳐 사용하면 나트륨 성분이 빠져나가 더 담백하게 먹을 수 있답니다.

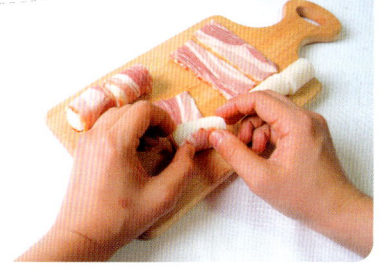

1 가래떡은 먹기 좋게 잘라 주세요.

2 베이컨은 체에 밭쳐 뜨거운 물에 살짝 데친 후 반으로 잘라 주세요.

3 베이컨과 가래떡을 짝을 맞춘 후 하나씩 돌돌 말아 주세요.

소스를 끓일 때는 튈 수 있으니 적은 양이더라도 뚜껑을 꼭 닫아 주세요. 꼬치를 구울 때랑 어떻게 소리가 다른지 비교해 보세요.

4 베이컨에 돌돌 만 가래떡을 꼬치로 꽂아 주세요.

5 프라이팬에 올리브유를 두르고 ④를 살짝 구워 주세요.

6 프라이팬에 소스 재료를 넣고 살짝 끓인 후 떡과 베이컨에 골고루 발라 주세요.

Hint 완성 후 응용놀이

가래떡 목걸이 만들기

재료 가래떡, 젓가락, 실, 칼

1 아이와 함께 가래떡을 떡국 떡처럼 썰어 주세요.
2 썬 가래떡의 윗부분에 젓가락으로 구멍을 내고 예쁜 실로 꿰어 보세요.
3 마지막에 매듭을 지어 목에 걸어 주세요.

쫀득쫀득 달콤한 네 이름은
찹쌀떡

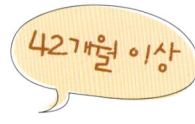
42개월 이상

찹쌀떡을 집에서 만들어 보세요. 전자레인지만 있으면 손쉽게 찹쌀떡을 만들 수 있어요.
찹쌀떡을 만들면서 시간 개념에 대해 알아보고, 아이와 찹쌀떡 장수가 되어 찹쌀떡을 사고파는 놀이를 하면서 경제 개념을 알려 주세요. 신나게 달콤 쫀득한 찹쌀떡을 만들어 볼까요?

이런 점이 좋아요
수학
★ 시간의 개념을 알 수 있어요.
★ 찹쌀떡 장수가 되어 경제 개념을 알 수 있어요.

 이런 것이 필요해요

찹쌀가루 1컵, 물 1/2컵, 설탕 1큰술, 팥앙금 1/2컵, 소금 조금, 녹말가루 조금
도구 전자레인지, 전자레인지용 볼, 숟가락

2분이면 120초예요. 아직 아이가 120까지 숫자를 안다는 건 힘들죠. 30초나 20초가 남았을 때 아이와 함께 숫자를 세 보세요.

1 찹쌀가루, 물, 설탕, 소금을 넣고 섞어 주세요.

2 볼에 랩을 씌우고 전자레인지에 2분 동안 돌려 익혀 주세요.

3 ②의 반죽을 섞은 후 다시 랩을 씌워 1~2분 정도 더 익히고 반죽을 치대 주세요.

반죽이 뜨거우므로 엄마가 동그랗게 만들고 아이가 팥앙금을 넣으세요.

하얀 가루를 찹쌀떡에 발라 볼까요? 뽀얀 찹쌀떡 완성!

4 팥앙금은 동그랗게 만들어 주세요.

5 반죽을 동그랗게 떼어 편 후 팥앙금을 넣어 주세요.

6 완성되면 녹말가루를 묻혀 주세요.

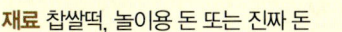

Hint 완성 후 응용놀이

찹쌀떡 장수 놀이

재료 찹쌀떡, 놀이용 돈 또는 진짜 돈

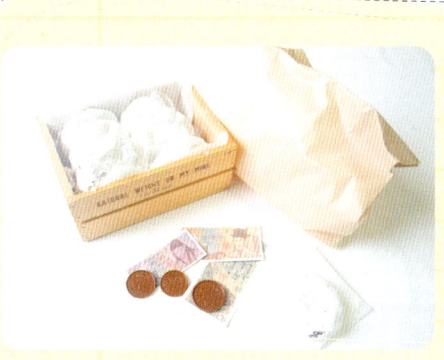

1 아이가 찹쌀떡 장수가 되고 엄마가 손님이 되어 보세요.
2 "찹쌀떡 사세요"라고 아이가 외치면 "얼마예요"라며 물어보고 가격을 말하면 "하나 주세요"라고 말해 주세요.
3 아이가 다 팔았으면 이번에는 엄마가 주인이 되어 사고팔기 놀이를 해보세요. 하나의 가격을 정하고 돈을 이용해 진짜처럼 팔아 보세요.

양송이버섯이 치즈 밑으로 숨었어요
양송이버섯치즈구이

42개월 이상

버섯을 이용해서 요리를 하면 우리 아이들이 잘 먹지 않죠? 하지만 양송이버섯은 소화효소가 풍부하여 다른 음식물의 소화와 흡수를 돕고 비타민D와 비타민B2, 엽산 등을 많이 함유하고 있어 빈혈 치료에도 도움을 줘요. 양송이버섯 치즈구이는 우리 아이뿐만 아니라 아빠도 무척 좋아해요.

이런 점이 좋아요 (수학)
★ 원기둥에 대해 알 수 있어요.
★ 수의 개념을 알 수 있어요.

 이런 것이 필요해요

양송이버섯 6개, 피망 1/10개, 옥수수알 2큰술, 피자치즈 조금
도구 오븐, 도마, 칼, 볼, 숟가락

기둥 모양이 어떤지 관찰하고 주위에서 비슷한 모양을 찾아보세요.

아이는 이런 과정을 통해 손의 협응력을 기르게 되지요. 아이가 혼자 하기 힘들어 하면 2~3개 정도만 주어 스스로 할 수 있게 하세요.

1 양송이버섯의 기둥을 잘라 주세요.

2 양송이버섯 속을 숟가락으로 파 주세요.

3 피망을 작게 자른 후 옥수수알과 섞어 주세요.

작은 양송이버섯에 아이가 내용물을 담는 건 힘든 일이에요. 아이가 6개를 혼자 다하는 건 무리이므로 2~3개 정도를 주어 스스로 할 수 있게 하세요.

4 양송이버섯 속에 ③을 나눠 담아 주세요.

5 ④에 피자치즈를 뿌려 주세요.

6 170℃로 예열된 오븐에서 8~10분 정도 구워 주세요.

Hint 1번 과정 응용놀이

양송이버섯의 원기둥 알아보기

재료 양송이버섯 기둥, 칼

1 양송이버섯 기둥을 세로로 잘라 주세요.
2 양송이버섯 기둥의 윗면을 관찰하세요.
3 기둥을 가로로 잘라 단면을 관찰하세요.

짜안~ 달걀 마술쇼!
치즈 에그스크램블

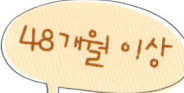
48개월 이상

달걀은 신기한 마술을 부린대요. 달걀을 깨면 물 같지만 열을 가하면 굳어 버려요. 왜 그럴까요?
치즈에그스크램블을 만들며 단백질의 응고에 대해서 알아보아요.
아이들은 아직 '응고'라는 말의 뜻을 모르니 굳는다고 표현하세요.

이런 점이 좋아요 언어+과학
★ 스크램블의 뜻을 알 수 있어요.
★ 달걀은 열을 가하면 굳는다는 사실을 알 수 있어요.

 이런 것이 필요해요

달걀 2개, 베이컨 1장, 우유 2큰술, 피망 1/10개, 양파 1/10개, 슬라이스 치즈 2장,
소금 조금, 후춧가루 조금, 버터 조금
장식용 슬라이스 치즈 1장, 케첩 조금
도구 도마, 칼, 볼, 거품기, 프라이팬, 나무주걱

달걀을 깨기 전의 모양과 껍데기의 느낌을 알아보세요. 달걀을 깨다 손에 묻었다면 느낌이 어떤지 손으로 만져 볼 수 있게 하세요.

거품기를 이용해 신나게 섞어 섞어~♬♪

1 볼에 달걀을 깬 후 거품기로 휘저어 주세요.

2 베이컨, 피망, 양파를 먹기 좋게 잘라 주세요.

3 ①과 ②와 우유를 섞은 후 소금, 후춧가루로 간을 해 주세요.

스크램블이란? 버터와 우유 등을 넣어 달걀을 익히며 휘젓는다는 뜻이에요.

4 프라이팬에 버터를 두르고 ③을 붓고 섞으며 달걀을 반 정도 익혀 주세요.

5 ④에 치즈를 넣고 섞으면서 익혀 주세요.

6 접시에 담은 후 슬라이스 치즈와 케첩으로 꾸며 주세요.

요리하며 놀아요

Hint 1번 과정 응용놀이

달걀 껍데기로 스트레스 풀기

재료 달걀 껍데기, 볼, 으깨기(방망이)

1 달걀 껍데기를 볼에 담아 주세요.
2 으깨기나 방망이로 달걀 껍데기를 신나게 부숴 주세요.
3 달걀 껍데기를 부술 때의 느낌과 소리를 표현해 보세요.

쿵덕쿵 쿵덕~ 떡을 만들었어요
흑미인절미

만 4세 이상

"집에서 떡을 만든다고요? 어려울 것 같아요"라고 말하는 사람들이 있겠지만 떡만큼 쉽게 만들 수 있는 요리도 없을 거예요. 특히 인절미는 그냥 쪄서 여러 번 방망이로 쳐 주면 끝난답니다.
아이와 인절미를 만들면서 신나게 떡방아를 찧어 볼까요?

이런 점이 좋아요
언어 + 창의력

★ 다양한 떡에 대해 이야기를 나눌 수 있어요.
★ 쌀알을 이용해서 다양한 그림을 그릴 수 있어요.

 이런 것이 필요해요

불린 찹쌀 2컵, 불린 흑미 1/2컵, 콩고물 1컵, 참기름 조금
도구 도마, 칼, 찜기, 절구, 믹서, 위생팩(비닐봉지), 면 보자기

집 근처의 방앗간이나 떡집에 가서 직접 불린 쌀을 갈아 보는 등의 체험을 해보는 것도 좋아요.

찜기에서 나오는 수증기가 신기해 아이가 장난을 칠 수도 있어요. 아이에게 위험하다고 미리 알려 주세요.

1 불린 찹쌀과 흑미를 체에 받쳐 물기를 뺀 후 믹서에 넣고 갈아 주세요.

2 찜기에 면 보자기를 깔고 증기가 올라올 때까지 기다리세요.

3 증기가 오르면 쌀가루를 평평하게 펴고 센 불에 10분 정도 쪄 주세요.

칼에 콩고물을 묻혀 떡이 붙지 않도록 하세요.

4 찐 떡을 절구에 넣고 반죽한 후 가래떡처럼 길게 만들어 주세요.

5 길게 만든 떡을 먹기 좋게 잘라 주세요.

6 위생팩(비닐봉지)에 자른 떡과 콩고물을 넣고 신나게 흔들어 주세요.

요리하며 놀아요
Hint 완성 후 응용놀이

흑미와 찹쌀로 그림 그리기

재료 흑미, 찹쌀, 그릇(접시), 종이

1 그릇이나 접시에 쌀알을 담아 주세요. 다양하게 만져 보고 느낌을 말해보세요.
2 흰 종이나 깨끗한 테이블에 쌀알을 한 줌 올려 주세요.
3 쌀알을 원하는 모양으로 놓아 그림을 그려 보세요. 소근육 발달에 도움을 줘요.

TIP 아이가 힘들어 하면 접시에 담고 손가락으로 그림을 그려 보게 하세요.

Part 3
Cooking Play

계절따라 요리따라
사계절 요리

봄, 여름, 가을, 겨울.
아이와 함께 사계절에 맞는 요리를 해보세요.
제철에 나오는 식재료를 이용한 요리를 하면서
자연스럽게 사계절을 알게 되지요.
아이의 요리 실력도 한 단계 높일 수 있어요.

딸기가 초콜릿에 퐁당~
딸기초코딥

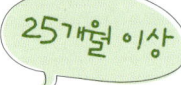
25개월 이상

봄이면 풍년인 딸기! 그냥 먹어도 맛있지만 초콜릿에 찍어 먹으면 살살 녹는 그 맛이 일품이에요.
딸기초코딥을 만들면서 아이와 함께 수의 개념과 더하기, 빼기의 개념을 알아보아요.
상큼한 딸기와 달콤한 초콜릿으로 하루가 즐거워진답니다.

이런 점이 좋아요
수학
★ 수의 개념을 알 수 있어요.
★ 더하기, 빼기의 개념을 알 수 있어요.

이런 것이 필요해요
딸기 30알, 코팅용 초콜릿 200g
장식용 스프링클 조금, 초코펜
도구 전자레인지, 종이컵, 칼, 숟가락, 꼬치, 종이호일
TIP 스프링클과 초코펜은 대형할인마트 제과제빵 코너에서 구입할 수 있어요.

딸기를 씻을 때는 흐르는 물에 재빨리 3~4번 씻는 것이 좋아요.

1 딸기를 깨끗하게 씻은 후 물기를 제거해 주세요.

2 딸기 꼭지를 떼고 꼬치에 한 개씩 꽂아 주세요.

3 코팅용 초콜릿은 종이컵에 담고 전자레인지에 30초씩 3번에 나눠 녹여 주세요.

초콜릿이 너무 뜨거우면 잘 굳지 않아요. 저어가며 초콜릿의 온도를 낮춰 주세요.

초콜릿 그릇 밑에 종이호일을 깔아 두어 아이들이 초콜릿을 마음껏 찍을 수 있게 하세요.

4 녹인 초콜릿을 저어 주세요.

5 꼬치에 꽂은 딸기를 녹인 초콜릿에 콕 찍어 주세요.

6 초콜릿이 약간 굳으면 스프링클과 초코펜으로 꾸며 주세요.

요리하며 **놀아요**

Hint 2번 과정 응용놀이

딸기 꼬치 숫자 공부

재료 딸기와 꼬치

1 딸기의 개수와 꼬치의 개수를 각각 세 보고 서로 개수가 맞는지 알아보세요.
2 꼬치에 딸기를 하나씩 꽂고, 꽂은 모습을 보면 무엇이 떠오르는지 이야기를 나누세요.
3 아이와 함께 딸기 꼬치를 접시에 담아 나눠 보세요. 접시 두개를 준비한 후 하나는 아이 접시 하나는 엄마 접시라고 하세요. 아이 접시에 5개, 엄마 접시에는 8개를 두고 아이 접시에 3개를 더 담으면 몇 개가 되는지 세 보세요. 또 서로 1개씩 먹으면 접시에 몇 개가 남는지를 세 보면서 더하기와 빼기에 대해 알려 주세요.

우유 속에 빠진 새콤달콤
딸기 파나코타

36개월 이상

아이와 함께 젤리와 비슷한 파나코타를 만들어 보세요. 파나코타의 파나(Panna)는 '우유나 크림버터', 코타(cotta)는 '끓인다'는 뜻으로 파나코타는 끓인 우유를 말해요.
파나코타를 만들며 신기한 젤라틴의 변화를 알아보아요.

이런 점이 좋아요
과학+수학

★ 젤라틴의 변화 과정을 알 수 있어요.
★ 나누기 개념을 알 수 있어요.

 이런 것이 필요해요

딸기 4알, 우유 1/2컵, 생크림 1/2컵, 설탕 3큰술, 판젤라틴 6g
도구 전자레인지, 도마, 칼, 볼, 컵

1 딸기를 깨끗하게 씻은 후 물기를 제거해 주세요.

전자레인지의 초를 보면서 아이와 함께 수세기를 해 보세요. 30초, 29초, 28초……1초. 땡!

2 우유와 생크림, 설탕을 섞은 후 전자레인지에 30초 정도 돌려 주세요.

젤라틴을 불리기 전과 불리고 난 후의 변화 과정을 알아보세요.

3 판젤라틴은 찬물에 5분 정도 불려 주세요.

자른 딸기를 일정한 개수로 컵에 나눠 담으세요.

4 딸기는 먹기 좋게 잘라 굳힐 컵에 넣어 주세요.

5 불린 젤라틴을 건져 물기를 꼭 짜고 ②와 섞어 주세요.

6 자른 딸기를 담은 컵에 ⑤를 나눠 담은 후 3~4시간 동안 굳혀 주세요.

요리하며 놀아요

Hint 주재료 응용놀이

젤라틴은 마술쟁이

재료 판젤라틴, 따뜻한 물, 접시

1 젤라틴을 손으로 만져 보고 느낌을 말해 보세요.
2 접시에 따뜻한 물을 담아 주세요.
3 젤라틴을 담가 본 후 젤라틴의 변화 과정을 관찰하세요.
4 1시간 정도 굳힌 후 젤라틴의 변화된 모습을 다시 관찰하세요.

알록달록 예쁘게 꾸며요
쿠키 화분

36개월 이상

바삭바삭 쿠키를 이용해 우리 집에 화사한 화분을 만들어 보세요. 보는 것만 아니라 먹을 수도 있으니 얼마나 좋아한다고요. 쿠키를 만들면서 창의력 Up! 구운 쿠키로 화분을 꾸미면서 창의력 Up! 과연 아이가 만든 쿠키화분은 어떤 모양일까요?

이런 점이 좋아요
수학+창의력

★ 분류의 개념을 알 수 있어요.
★ 창의력 있게 나만의 쿠키화분을 만들 수 있어요.

이런 것이 필요해요

쿠키 반죽 밀가루 2컵, 설탕 2/3컵, 버터 2/3컵, 달걀 1개
장식용 아이싱 슈거파우더 1/2컵, 오렌지 주스 3~4큰술
쿠키 장식용 스프링클 조금
도구 오븐, 볼, 거품기, 체, 쿠키 커터, 꼬치, 짜주머니, 화분, 종이호일

버터는 실온에 두었다 말랑말랑해지면 사용하세요.

1 버터와 설탕, 달걀을 넣고 거품기로 섞어 주세요.

2 밀가루를 체에 친후 ①을 섞어 쿠키 반죽을 완성하세요.

3 반죽을 일정한 크기로 나눠 0.5~1cm 두께로 누른 후 쿠키 커터로 모양을 찍어 꼬치에 꽂아 주세요.

혹시 쿠키가 위나 아래만 탄다면 굽기 전 은박지를 깔거나 덮어 주면 돼요.

4 180℃로 예열된 오븐에서 10~15분 정도 구워 주세요.

5 슈거파우더와 오렌지 주스를 섞은 후 짜 주머니에 담아 아이싱을 만들어 주세요.

화분 안에 오렌지나 사과 등을 넣어 꼬치가 고정이 될 수 있도록 하세요.

6 쿠키를 식힌 후 아이싱과 스프링클로 장식해서 화분에 꽂아 주세요.

요리하며 놀아요

Hint 6번 과정 응용놀이

닮은 꼴 찾기

재료 만든 쿠키 여러 개, 화분, 접시

1 큰 모양과 작은 모양의 쿠키를 찾아보세요.
2 "어떤 분들에게 드릴까?" 라고 물어보고 선물을 드리고 싶은 분이 누구인지 이야기를 나누며 꼬치에 꽂아 주세요.
3 작고 동그란 모양의 쿠키를 찾아보고 몇 개를 꽂을지 정해서 아이와 함께 꽂아 주세요. 이렇게 기준을 정해 쿠키를 꽂으면 분류의 개념을 익혀 간답니다.

봄나물들의 꽃밭 나들이
꽃밭비빔밥

42개월 이상

산과 들이 온통 초록 세상으로 바뀌는 봄! 우리 아이 밥상에도 봄의 향기를 전해 보세요.
아이도 봄이 온 걸 온몸으로 느끼지 않을까요?
아이와 함께 봄 냄새를 가득 담아 꽃밭비빔밥을 만들어 보아요.

이런 점이 좋아요
언어 + 창의력

★ 봄철 나물에 대해 알 수 있어요.
★ 창의력 있게 꽃밭을 꾸밀 수 있어요.

 이런 것이 필요해요

밥 1/2공기, 슬라이스 햄 1장, 참치 2큰술, 치즈 1장,
데친 봄철 나물 여러 종류(취나물, 참나물, 비름나물, 시금치, 달래 등)
봄철 나물 양념 소금, 깨소금, 참기름, 다진 마늘
비빔밥 양념 간장 1큰술, 물 1큰술, 참기름, 깨소금
도구 도마, 칼, 숟가락, 볼, 쿠키 커터

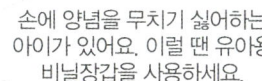
손에 양념을 무치기 싫어하는 아이가 있어요. 이럴 땐 유아용 비닐장갑을 사용하세요.

1 데친 나물을 먹기 좋게 잘라 주세요.

2 볼에 데친 나물을 넣고 나물 양념을 넣어 무쳐 주세요.

3 비빔밥 양념을 만들어 주세요.

쿠키 커터가 없을 때에는 병뚜껑을 사용해도 돼요.

상큼한 꽃밭비빔밥 완성!

4 햄과 치즈를 쿠키 커터로 찍어 꽃 모양을 만들어 주세요.

5 컵이나 그릇에 밥→나물→참치 순서로 담아 주세요.

6 모양을 낸 햄과 치즈를 밥 위에 올려 꽃밭처럼 꾸며 주세요.

Hint 완성 후 응용놀이

나물로 모양 만들기

재료 비름나물, 취나물, 참나물, 달래, 냉이, 두릅, 씀바귀 등

1 나물의 이름과 생김새를 알아보세요.
2 나물 냄새를 맡아 보고 나물 이름을 맞춰 보세요.
3 나물로 여러 가지 모양을 표현해 보세요.

꽃의 나라로 놀러 온 떡
꽃모양떡

48개월 이상

아이와 함께 나들이 가면 많은 꽃을 볼 수 있죠. 예쁜 꽃을 집에서도 보고 싶은데 꺾어 올 수도 없고….
하지만 걱정 마세요. 꽃들을 떡으로 만들면 되거든요.
아이와 나들이에서 보았던 꽃을 떡으로 만들어 보면서 상상 속의 꽃도 만들어 보세요.

이런 점이 좋아요 — 창의력
★ 꽃에 대해 알 수 있어요.
★ 창의력 있게 떡을 만들 수 있어요.

 이런 것이 필요해요

떡 반죽 멥쌀가루 3컵, 물 1/2컵, 녹차가루 1작은술, 백년초가루 1작은술
떡 소 흰 팥앙금
도구 찜기, 도마, 볼, 체, 면 보자기

"밀가루와 쌀가루의 차이점을 알아보세요."

"증기가 오를 때 쌀가루를 넣고 센 불에서 계속 쪄야 설익지 않아요."

1 멥쌀가루에 물을 섞어 체에 내려 주세요.

2 찜기에 증기가 오르면 쌀가루를 10분간 쪄 준 후 반죽해 주세요.

3 흰 떡에 여러 가지 가루를 넣어 물들여 색깔 떡 반죽을 만들어 주세요.

"아이들이 일정한 크기로 나누는 것을 힘들어 하면 일정한 크기로 나눠 준 후 아이가 동그랗게 만들 수 있도록 하세요."

4 흰 팥앙금을 동그랗게 새알 크기로 만들어 주세요.

5 색깔 떡 반죽을 조금씩 떼어 꽃잎을 만들어 주세요.

6 소를 가운데 넣고 꽃잎 떡을 겹쳐 꽃을 만들고 초록 반죽으로 꽃받침도 만들어 꽃을 완성해 주세요.

Hint 완성 후 응용놀이

떡 반죽 종이컵

재료 종이컵, 남은 떡 반죽

1 남은 떡 반죽을 섞어 주세요.
2 종이컵에 마음대로 떡 반죽을 붙여서 장식해 주세요.
3 서늘한 곳에 말려 주세요.

봄 냄새 가득한 개성만점의 맛
탕평채

48개월 이상

'탕평채, 어릴 적 실습시간에 만들어 봤던 것'이라는 생각이 번쩍 드실 거예요.
그때의 기억을 살려 아이와 함께 탕평채를 만들어 보세요.
탕평채의 유래에 대해 알아보면서 말이죠.

이런 점이 좋아요
언어
★ 탕평채의 유래에 대해 알 수 있어요.(p195 참고)
★ 다양한 재료를 썰어 보며 느낌을 비교할 수 있어요.

 이런 것이 필요해요

청포묵 1/2모, 채 썬 소고기 100g, 데친 숙주 50g, 데친 미나리 50g
김 1장, 소금 조금, 올리브유 조금
소스 간장 2큰술, 식초 2큰술, 올리고당 2큰술, 깨소금 조금
도구 프라이팬, 냄비, 볼, 숟가락, 가위, 요리용 실

아이와 묵을 자를 때는 요리용 실을 이용해서 자르면 편리하답니다.

1 냄비에 물을 붓고 끓인 후 청포묵을 데쳐 찬물에 식혀 주세요.

2 청포묵은 요리용 실을 이용해 긴 막대 모양으로 잘라 주세요.

3 프라이팬에 올리브유를 두른 후 소고기를 볶아 주세요.

재료를 넣을 때마다 냄새나 맛을 느낄 수 있도록 해 주세요.

칼로 자르는 것에 아직 익숙하지 않은 아이는 가위를 이용해 잘라도 돼요.

4 볼에 소스 재료를 넣고 섞어 주세요.

5 데친 숙주, 미나리는 먹기 좋게 가위로 자른 후 볼에 볶은 소고기와 함께 담아 주세요.

6 소스를 넣고 섞은 후 자른 청포묵을 섞고 김으로 장식해 주세요.

Hint 2번 과정 응용놀이

청포묵 글자 만들기

재료 자른 청포묵

1 청포묵을 만져 보고 느낌에 대해 이야기를 나누세요.
2 휘어지는 성질을 이용해 자음을 순서대로 만들어 보세요.
3 모음을 순서대로 만들어 보고 글자를 완성해 보세요.

오돌토돌 오이가 차가운 물속으로
오이냉국

`36개월 이상`

더운 여름 우리 아이와 시원한 오이냉국을 만들어 보세요. 오이처럼 생긴 것을 주위에서 찾아보고
오이냉국을 먹고 난 느낌을 몸으로 표현해 보는 것도 재미있겠죠?
자! 그럼, 아삭아삭한 오이냉국으로 더운 여름을 시원하게 보내 볼까요?

이런 점이 좋아요
창의력
★ 오이처럼 생긴 것을 주위에서 찾아볼 수 있어요.
★ 오이냉국을 먹어 보고 느낌을 몸으로 표현할 수 있어요.

 이런 것이 필요해요

오이 1/2개, 불린 미역 100g, 얼음 10알, 굵은 소금 조금
오이 절임 양념 국간장 1작은술, 깨소금 조금
냉국 양념 물 2컵, 식초 2큰술, 올리고당 2큰술, 소금 조금
도구 도마, 칼, 숟가락, 볼

도마에 소금을 두고 오이를 굴리고 비벼서 가시를 제거하세요.

오이를 자르기 전에 오이처럼 긴 것을 주위에서 찾아보세요.

1 오이를 관찰한 후 굵은 소금으로 깨끗하게 씻어 주세요.

2 오이를 동그랗고 얇게 썰어 주세요.

3 썬 오이와 불린 미역을 볼에 담고 오이절임 양념을 넣어 무쳐 주세요.

오이와 미역을 섞어 섞어!

4 볼에 냉국 양념을 만들어 주세요.

5 ③과 ④를 섞어 주세요.

6 먹기 전에 얼음을 넣어 시원하게 하세요.

Hint 2번 과정 응용놀이

오이 꽃송이 만들기

재료 얇게 썬 오이, 칼

1 얇게 썬 오이를 반달이나 피자 조각 모양으로 썰어 주세요.
2 썬 오이로 꽃잎, 줄기와 잎을 만들어 주세요.
3 짠! 멋진 꽃이 완성되었어요. 다른 모양도 만들어 보세요.

수박이 아이스크림으로 돌아왔어요
수박아이스크림

 36개월 이상

수박은 그냥 먹어도 시원하고 맛있지만, 아이스크림으로 만들어 먹어도 너무 맛있어요.
어떻게 만드냐고요? 정말 간단하니 걱정은 이제 그만~!
아이스크림도 만들고 글자 공부도 하게 되니 일석이조랍니다.

이런 점이 좋아요 언어+과학
★ '수박'이라는 글자를 알 수 있어요.
★ 수박 씨를 관찰해 볼 수 있어요.

 이런 것이 필요해요
수박 1/8통, 키위 1개, 올리고당 3큰술, 초코칩 1/2컵
도구 도마, 칼, 믹서, 젓가락, 아이스크림 틀

제거한 수박 씨의 모양을 관찰해 보세요.

1 수박을 삼각형 모양으로 잘라 주세요.

2 수박 껍질과 씨를 제거하고 믹서 통에 들어가게 잘라 주세요.

3 믹서에 자른 수박과 올리고당을 넣고 갈아 주세요.

일정하게 담아도 좋지만 완성된 아이스크림의 크기를 비교하기 위해 각각 다른 양을 넣어 얼려도 좋아요.

젓가락을 이용해 얼린 수박아이스크림을 찌를 때의 느낌을 이야기해 보세요.

4 아이스크림 틀에 간 수박을 7/10 정도 담은 후 1시간 동안 얼려 주세요.

5 ④가 살짝 얼면 꺼낸 후 젓가락을 이용해 초코칩을 씨처럼 박아 주세요.

6 키위를 작게 자른 후 마지막에 아이스크림 틀에 넣고 아이스크림 막대를 찔러 4~5시간 동안 얼려 주세요.

요리하며 놀아요

Hint 2번 과정 응용놀이

수박 씨 놀이

재료 수박 씨

1 수박 씨를 이용해 수박이라는 글자를 만들어 보세요.
2 수박 씨를 모아 두었다가 '수박 씨 얼굴에 붙이기 놀이'나 '수박씨 날리기 놀이'를 해보세요.

팥빙수 산에 오른 과일 친구들
팥빙수

36개월 이상

여름 하면 절대 빠질 수 없는 팥빙수! 팥빙수를 만들면서 물이 얼음이 되고 얼음이 다시 물이 되는 과정을 직접 관찰하고 일정한 개수의 과일로 팥빙수를 장식하며 수의 개념도 알아보아요.
팥빙수를 만들어 먹을 생각을 하니 벌써 시원해지죠? 팥빙수를 만들며 과학, 수학 공부를 해보세요.

이런 점이 좋아요 과학+수학
★ 물의 변화 과정을 알 수 있어요.
★ 일정한 규칙을 알 수 있어요.

 이런 것이 필요해요

얼음 15알, 팥빙수 팥 3큰술, 인절미 2개, 키위 1/4개, 파인애플 1/10개, 수박 1쪽, 우유 2큰술, 딸기 시럽 조금
도구 도마, 칼, 빙수기계, 빙수 그릇

1 인절미는 먹기 좋게 잘라 주세요.

자를 때 일정한 개수를 정하고, 자른 후 숫자를 세어 보세요.

2 키위, 파인애플, 수박은 일정한 개수를 정해 잘라 주세요.

얼음을 갈 때 아이 손바닥에 얼음을 얹어 주고 간 얼음의 느낌을 비교해 보세요.

3 그릇에 팥과 우유를 담고 얼음을 갈아 주세요.

이때 "시원한 얼음 산에 키위 4개가 등산을 해요"라며 이야기를 만들며 과일을 올려 주세요.

4 간 얼음 위에 키위, 파인애플, 수박의 개수를 정해 올려 주세요.

5 자른 인절미를 올려 주세요.

6 딸기 시럽을 뿌려 주세요.

Hint 요리 전 응용놀이

물의 변신

재료 얼음 틀, 물, 냄비

1 얼음 틀에 물을 담아 주세요.
TIP 다양한 틀을 준비해 모양에 따라 물의 형태가 변하는 것을 알게 하세요.
2 냉동실에 5~6시간 동안 얼린 후 물이 얼음이 되었다는 것을 알려 주세요.
3 얼린 얼음에 물을 묻혀 몇 개의 얼음을 붙여 보세요.
4 얼음을 냄비에 넣어 녹여 보고 물을 끓여 수증기를 만들어 냄비의 물을 없애 주세요.
TIP 물은 얼음도 되고 수증기도 된다는 것을 알게 하세요.
만 5세 이상이라면 물은 액체, 얼음은 고체, 수증기는 기체라는 용어를 사용하게 하세요.

달콤한 바나나와 새콤한 파인애플의 만남

과일 스무디

36개월 이상

더운 여름, 시원한 것만 찾는 우리 아이들. 더워서 밥도 잘 먹지 않아 걱정이죠?
이럴 때 아이와 쉽게 만들 수 있는 스무디는 어떨까요? 입맛 없을 때 한 끼 식사로도 좋아요.
스무디의 유래도 알아보고 요거트의 촉감을 느껴 보세요.

이런 점이 좋아요 과학

★ 바나나와 파인애플의 모양을 알 수 있어요.
★ 믹서와 비슷한 소리를 찾아볼 수 있어요.

 이런 것이 필요해요

바나나 1개, 파인애플 1/8조각, 플레인 요거트 100ml, 얼음 4알, 올리고당 2큰술
도구 도마, 칼, 믹서

1 바나나의 모양을 관찰하고 껍질을 벗겨 주세요.

2 바나나를 5~6조각으로 잘라 주세요.

아이의 손에 상처가 있다면 상처 부위에 파인애플 즙이 들어가지 않도록 비닐장갑을 끼고 잘라 주세요.

3 파인애플도 5~6조각으로 잘라 주세요.

4 믹서에 자른 바나나, 파인애플, 플레인 요거트, 얼음을 넣어 주세요.

믹서에 갈때 어떤 소리가 나는지 들어 보고 주위에서 비슷한 소리를 찾아보세요.

5 과일을 갈아 주세요.

스무디의 유래 1973년 군간호사 출신인 스티브쿠노가 알레르기와 저혈당증세로 고생을 하다 식사대용으로 천연 과일과 꿀, 우유를 섞어 만든 것에서 비롯되었어요.

6 거의 다 갈리면 올리고당을 넣고 2~3초 정도 더 갈아 주세요.

Hint 완성 후 응용놀이

요거트 문지르기

재료 요리 후 남은 요거트

1 손이나 얼굴에 요거트를 이용해 그림을 그려 보세요.
2 그림을 그린 후 손으로 문질러 팩도 해보세요.
　서로의 얼굴이나 손을 문지르면서 사랑이 전달되겠죠?
　아이 피부도 촉촉~ 엄마 피부도 촉촉~

바닷속 열대어 천국!
열대어 샌드위치

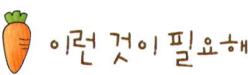

바다가 생각나는 여름. 바닷속은 어떻게 생겼을까요? 샌드위치를 이용해 바다에 사는 열대어를 만들어 보고 바닷속도 꾸며 보아요. 우리 아이가 상상한 바닷속은 어떨지 아이의 상상 속 바다를 만들어 볼까요? 참, 샌드위치 속이 빠지지 않도록 조심하는 거 잊지 마세요.

이런 점이 좋아요
수학+창의력

★ 네모, 세모 모양에 대해 알 수 있어요.
★ 바닷속을 창의력 있게 꾸며 볼 수 있어요.

🥕 이런 것이 필요해요

흰 식빵 2장, 잡곡(곡물) 식빵 2장, 햄 2장, 치즈 2장, 슬라이스 피클 8개
소스 케첩 1큰술, 마요네즈 1/2큰술
장식용 방울토마토, 케첩, 치즈, 햄
도구 도마, 칼, 숟가락, 프라이팬, 뒤집개, 작은 볼, 짜주머니

테두리를 자르면서 네모 모양의 변은 4개라는 것을 알게 하세요.

네모 식빵에 소스를 네모로 발라 보고 세모로도 발라 보세요.

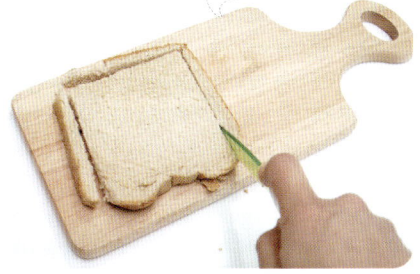

1 식빵 테두리를 잘라 네모 모양을 만들어 주세요.

2 햄과 식빵을 구워 주세요.

3 케첩과 마요네즈를 섞어 소스를 만든 후 식빵에 소스를 발라 주세요.

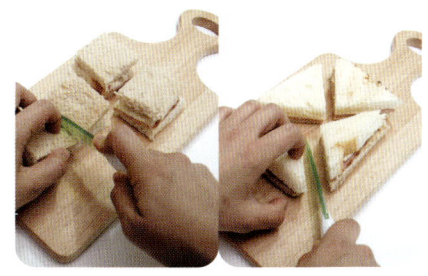

장식용 재료로 물풀, 미역, 오징어, 조개 등을 만들어 장식하세요.

4 소스를 바른 식빵 위에 햄→치즈→피클 순서로 올린 후 식빵을 덮고 눌러 주세요.

5 완성된 식빵을 네모, 세모 모양으로 잘라 주세요.

6 자른 식빵으로 바닷속 열대어를 만들고 다른 동식물을 방울토마토, 케첩, 치즈, 햄으로 만들어 주세요.

요리하며 놀아요

Hint 4번 과정 응용놀이

샌드위치 북

재료 샌드위치, 숟가락

1 샌드위치의 식빵이 서로 잘 붙도록 숟가락을 이용해 두들겨 주세요.
2 "쿵쿵쿵 짝! 쿵쿵 짝!" 말하며 신나게 샌드위치를 두들겨 주세요.
3 좋아하는 동요를 부르며 두들겨 보는 것도 좋아요.

동동동 떠 있는 과일은 무엇일까요?

시트러스 컴포트

42개월 이상

오렌지, 레몬, 귤. 이름만 들어도 벌써 입안에 침이 고이죠? 이렇게 신맛이 나고 껍질이 있는 감귤류를 시트러스라고 한답니다. 신맛이 나는 과일에는 피로회복에 좋은 비타민C가 많이 들어 있는 것 아시죠? 더위에 지친 아이에게 시트러스컴포트를 만들어 주면 신진대사도 활발하게 된답니다.

이런 점이 좋아요 — 과학
- ★ 뜨는 과일과 뜨지 않는 과일을 구별할 수 있어요.
- ★ 감귤류 과일에 대해 알 수 있어요.

 이런 것이 필요해요

오렌지 1개, 레몬 1/4개, 귤 1개, 물 1컵, 유자청 3큰술, 올리고당 1큰술, 얼음 7~10알, 청포도 10알
도구 도마, 칼, 볼, 숟가락, 냄비

과일을 씻으면서 뜨는 과일과 안 뜨는 과일을 구별해 보세요.

과일을 자를 때 어느 과일이 가장 신지 맛을 보세요.

1 과일을 깨끗하게 씻어 주세요.

2 오렌지는 껍질을 벗긴 후 먹기 좋게 잘라 주세요.

3 귤은 껍질을 벗겨 알알이 떼고 레몬은 껍질째 얇게 잘라 주세요.

섞을 때는 숫자를 세며 섞어 주세요. 하나, 둘, 셋…… 열.

4 끓인 물에 유자청을 섞은 후 식으면 올리고당을 넣고 다시 섞어 주세요.

5 ④에 자른 오렌지, 귤, 레몬, 청포도를 넣어 주세요.

6 얼음을 넣고 시원하도록 섞어 주세요.

요리하며 놀아요
Hint 1번 과정 응용놀이

물에 뜨는 과일 찾기

재료 다양한 과일, 큰 볼, 물

1 볼에 물을 받아 두세요.
2 오렌지, 귤, 레몬, 청포도 등 다양한 과일을 물에 띄워 보세요.
TIP 귤은 껍질을 제거하기 전과 제거한 후에 각각 띄워 보고 비교해 보세요.
3 과일들이 어떻게 되는지 관찰하세요.
TIP 물이 물체를 띄우는 힘을 부력이라고 해요.

토실토실 알밤이 딱딱한 옷을 벗고 변신했어요

율란

36개월 이상

가을이면 많이 먹는 밤. 딱딱해서 아이들은 별로 좋아하지 않아요.
하지만 삶아서 과자 대신 아이들 간식으로 주면 정말 좋아해요.
아이와 함께 조물조물 만져 가며 맛있고 고소한 율란을 만들어 보세요.

이런 점이 좋아요
언어 + 창의력

★ '으깨다' 글자를 알 수 있어요
★ 밤의 모양을 관찰하고 밤을 만들어 볼 수 있어요.

 이런 것이 필요해요

밤 30알, 올리고당 6큰술, 깨 1/4컵
도구 냄비, 숟가락, 으깨기, 볼

삶기 전과 삶은 후의 밤을 비교해 보세요.

1 냄비에 물을 붓고 밤을 삶아 주세요.

2 삶은 밤을 으깨 주세요.

3 밤에 올리고당을 넣고 섞어 주세요.

아이가 잘 만들지 못하면 위생팩(비닐봉지)에 섞은 밤을 한 스푼씩 넣고 동그랗게 뭉쳐 주세요.

올리고당에 밤을 풍덩~

4 밤 모양으로 빚어 주세요.

5 빚은 밤 한쪽에 올리고당을 살짝 묻혀 주세요.

6 깨를 묻혀 완성해 주세요.

요리하며 놀아요

Hint 주재료 응용놀이

밤 던지기 놀이

재료 밤, 작은 통

1 밤 4~5알을 준비하세요.
2 바닥에 작은 통을 두세요.
3 통에서 일정한 거리에 서서 밤을 던져 넣어 보세요.
4 누가누가 더 많이 넣는지 게임을 하세요.

숨은 곶감 찾으며 함께 놀아요
찰떡 속에 숨은 곶감

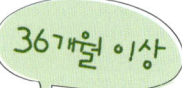
36개월 이상

호랑이도 무서워 도망쳤다는 곶감~! 아이들 간식으로 그냥 먹어도 좋은 곶감~!
이런 곶감이 감쪽같이 숨어버렸어요. 어디로 숨었을까요?
꼭꼭 숨은 곶감을 찾아볼까요? 자, 곶감 찾으로 출발!

이런 점이 좋아요
과학
★ 물의 변화 과정을 관찰할 수 있어요.
★ 떡 반죽을 하며 촉각을 발달시킬 수 있어요.

 이런 것이 필요해요

곶감 1개, 찹쌀가루 1컵, 물 2/3컵, 콩고물 1/2컵
도구 전자레인지, 도마, 칼, 볼, 체, 랩, 종이호일, 키친타월

1 찹쌀가루에 물을 넣고 섞어 주세요.

물이 어디로 갔을까? 밀가루가 가루였을 때와 익혔을 때를 비교해 보며 랩에 물방울이 어떻게 생겼는지 이야기 나누세요.

2 랩을 덮고 전자레인지에 1분 동안 가열한 후 섞고 3분 동안 가열해 주세요.

3 곶감은 키친타월로 닦은 후 씨를 빼고 반으로 갈라 먹기 좋게 잘라 주세요.

하나를 2개로, 2개를 4개로, 차례로 나눠 주세요.

4 떡 반죽을 4등분 해 주세요.

꼭꼭 숨어라~ 곶감 보일라~

5 떡 안에 곶감을 넣어 주세요.

6 종이호일에 콩고물을 뿌린 후 떡에 묻혀 주세요.

요리하며 놀아요

Hint 4번 과정 응용놀이

떡 방망이질하기

재료 지퍼팩, 떡 반죽

1 떡 반죽을 지퍼팩에 담아 주세요.
2 지퍼팩의 공기를 빼고 입구를 막아 주세요.
3 "인간 떡 방망이로 변신"이라고 말하고 손으로 신나게 '쿵쿵' 찧어 주세요.
TIP 떡 반죽이 뜨거우므로 처음에는 엄마가 하고 어느 정도 식으면 아이가 할 수 있도록 하세요.

과일과 시리얼의 새콤달콤한 만남
햇과일 시리얼샐러드

42개월 이상

울긋불긋 산들이 아름답게 물드는 가을이에요. 가을에는 어떤 과일이 많이 날까요? 아이와 제철 과일에 대해 알아보고 그 과일을 이용해 간단한 샐러드를 만들어 보세요. 가까운 재래시장이나 대형할인마트에 가서 가을이 왔다는 것을 느껴 보세요.

이런 점이 좋아요
언어+과학

★ 다양한 제철 과일의 이름을 알 수 있어요.
★ 과일의 다양한 씨에 대해 알 수 있어요.

이런 것이 필요해요

시리얼 1/2컵, 단감 1/4개, 사과 1/8개, 배 1/10개, 키위 1/2개
소스 무가당 플레인 요거트 100ml, 유자청 2큰술
도구 도마, 칼, 볼, 숟가락, 컵이나 그릇

과일을 씻으면서 과일의 이름을 알아보세요.

1 과일은 깨끗하게 씻어 주세요.

과일을 자르면서 맛을 보고 어떤 맛인지 이야기를 나누세요.

2 과일 씨를 빼고 먹기 좋게 잘라 주세요.

3 플레인 요거트와 유자청을 섞어 소스를 만들어 주세요.

4 그릇에 시리얼을 담아 주세요.

엄마가 과일 이름을 말하면 아이가 찾아 그릇에 담아 주세요.

5 시리얼을 담은 그릇에 자른 과일을 얹어 주세요.

6 마지막에 소스를 뿌려 주세요.

요리하며 놀아요

Hint 2번 과정 응용놀이

과일 씨 관찰하기

재료 다양한 과일 씨, 페트병

1 사과, 감 등 다양한 과일의 씨를 관찰하세요.
2 씨의 크기를 비교하고 큰 순서대로 놓아 보세요.
3 과일과 그 과일의 씨를 찾아보세요.
4 씨를 모아 페트병에 넣어 리듬악기를 만들어 보세요.

바스락바스락, 낙엽이 바삭바삭한 쿠키로
낙엽 쿠키!

42개월 이상

가을에 길을 걷다 보면 많이 보는 낙엽. 아이와 산책을 하다 발견한 낙엽을 한두 개씩 가져온 적이 있을 거예요. 바닥에 떨어진 낙엽을 관찰하고 낙엽 모양처럼 생긴 쿠키를 만들어 보는 건 어떨까요? 밖에서 봤던 낙엽을 먹을 수 있는 쿠키로 만들어 보는 거예요.

이런 점이 좋아요
과학+창의력

★ 다양한 낙엽을 관찰할 수 있어요.
★ 쿠키를 만든 후 떨어지는 낙엽을 표현해 볼 수 있어요.

 이런 것이 필요해요

밀가루 1컵, 아몬드가루 1컵, 버터 1/2컵, 황설탕 1/2컵
장식용 황설탕 1/4컵
도구 오븐, 볼, 거품기, 나무젓가락, 낙엽 모양 쿠키 커터, 위생팩(비닐봉지), 밀대

버터는 실온에 1시간 정도 두면 거품기로 섞기 좋은 상태가 돼요.

밀가루와 아몬드가루의 느낌을 서로 비교해 보세요.

1 실온에 둔 버터와 황설탕을 섞어 주세요.

2 아몬드가루와 밀가루를 섞어 주세요.

3 ①과 ②를 섞어 반죽을 한 후 위생팩(비닐봉지)에 싸서 냉장고에 30분 정도 넣어 두세요.

4 반죽을 주먹 크기로 나눠 주세요.

아이가 밀대를 밀기 힘들어 하면 손으로 꼭꼭 눌러 가며 반죽을 펼 수 있게 하세요.

5 도마에 밀가루를 뿌리고 반죽을 눌러 납작하게 한 후 쿠키 커터로 찍어 주세요.

6 나무젓가락으로 잎맥을 표현한 후 황설탕을 윗면에 뿌리고 180℃로 예열된 오븐에서 15~20분 구워 주세요.

Hint 완성 후 응용놀이

나무 만들기

재료 낙엽쿠키, 종이, 가위

1 나무 모양으로 종이를 잘라 주세요.
2 낙엽쿠키로 종이나무의 가지를 꾸며 주세요.
3 바람이 불어 잎들이 떨어지는 것을 표현해 보세요

TIP 아이와 엄마가 바람이 되어 낙엽을 손에 들고 이리저리 왔다 갔다 하면서 낙엽을 표현해 보세요.

아삭아삭, 사과가 씹히는 달콤한
애플머핀

> 48개월 이상

사과가 가장 맛있는 가을. 그냥 먹어도 맛있지만 아이와 머핀을 만들 때 넣어도 맛있어요.
촉촉한 빵 속에 아삭아삭 사과가 씹히는 그 맛! 생각만 해도 맛있겠죠?
아이와 함께 밀가루, 설탕, 우유 등을 계량하는 법도 알아보고 무게의 개념도 알아보세요.

이런 점이 좋아요
수학
★ 저울에 대해 알 수 있어요.
★ 무게의 개념을 알 수 있어요.

 이런 것이 필요해요

밀가루 200g, 버터 150g, 설탕 150g, 우유 40g, 달걀 3개, 베이킹파우더 3g
사과 조림 사과 3/4개, 버터 2큰술
장식용 사과 1/4개
도구 오븐, 도마, 칼, 냄비, 볼, 거품기, 체, 알뜰주걱, 머핀 틀, 머핀 종이

사과의 수분이 없어질 정도로만 조려 주고 사과가 맛이 없다면 설탕을 1~2큰술 넣으면 돼요.

1 사과는 작게 썰어 냄비에 버터를 두르고 조려 주세요.

체보다 큰 볼이나 종이를 깔아 두고 아이가 마음껏 칠 수 있도록 하세요.

2 밀가루와 베이킹파우더는 1~2번 체에 치세요.

3 실온에 둔 버터를 거품기로 부드럽게 만들어 주세요.

4 ③에 설탕을 넣고 크림 상태가 되도록 저어 주고 달걀과 우유를 섞어 주세요.

5 ①과 ②를 섞은 후 ④를 섞어 반죽을 완성해 주세요.

머핀 틀의 구멍이 몇 개인지 세워 보고 머핀 종이가 몇 장 필요할지 알아보세요.

6 머핀 틀에 머핀 종이를 깐 뒤 반죽을 담고 장식용 사과를 잘라 올린 후 180℃ 오븐에서 15~20분 정도 구워 주세요.

요리하며 놀아요

Hint 요리 전 응용놀이

왜 다를까요?

재료 저울, 요리에 사용한 재료, 주방도구

1 다양한 주방도구의 무게를 재 보세요.
2 머핀을 만들 때 재료 중에 사과와 달걀의 무게를 재 보세요.
3 만 6세 이상이라면 같은 컵으로 밀가루와 설탕의 무게를 재 보세요.
TIP 밀가루, 설탕은 비슷하게 보이지만 무게가 다른 것을 알 수 있어요. 양은 같더라도 물질을 이루고 있는 입자의 질량이 다르기 때문이랍니다. 아이에게 쉽게 설명하기 위해 다양한 재료의 양을 같게 해서 무게를 재 보세요.

모여라! 영양만점 버섯친구들
버섯잡채

만 4세 이상

식물성 소고기라 불리는 버섯! 그만큼 단백질도 풍부하고 필수 아미노산도 소고기에 뒤지지 않을 만큼 많이 들어 있어요. 씹는 느낌도 고기처럼 쫄깃쫄깃하니 버섯을 이용해 고기가 들어가지 않은 버섯잡채를 만들어 보세요. 버섯만 있으면 되니 정말 간편하죠? 다양한 버섯의 이름과 특징을 알아보아요.

이런 점이 좋아요
언어
★ 다양한 버섯의 종류를 알 수 있어요.
★ 주위에서 버섯 모양과 비슷한 것을 찾아볼 수 있어요.

 이런 것이 필요해요

팽이버섯 100g, 느타리버섯 50g, 새송이버섯 1개, 양송이버섯 2개, 양파 1/10개, 피망 1/2개, 올리브유 조금
잡채 양념 간장 3큰술, 설탕 2큰술, 물 3큰술, 굴소스 1큰술, 참기름 1큰술, 깨소금 조금
도구 도마, 칼, 프라이팬, 나무주걱

버섯들이 어떤 모양인지 알아보고 다양한 버섯들의 이름과 특징을 알려 주세요.

1 팽이버섯, 느타리버섯, 새송이버섯은 먹기 좋게 찢어 주고 양송이버섯은 얇게 채 썰어 주세요.

2 양파와 피망은 채 썰어 주세요.

3 잡채 양념을 만들어 주세요.

4 프라이팬에 올리브유를 두른 후 양파와 피망을 볶아 주세요.

불을 사용할 때는 꼭 주의사항을 알려 주세요.

5 ④에 잡채 양념을 1/3 정도 넣어 주세요.

양념을 한꺼번에 넣으면 양념이 속까지 배지 않으니 나누어 넣어 주세요.

6 버섯을 넣고 나머지 양념을 반씩 나눠 넣으며 볶아 주세요.

요리하며 놀아요

Hint 1번 과정 응용놀이

버섯으로 버섯 이름 만들기

재료 다양한 버섯

1 다양한 버섯의 이름을 알아보세요.
2 버섯을 손으로 만져 보고 냄새도 맡아 보세요.
3 버섯으로 버섯의 이름들을 만들어 보세요.

흩어지면 울퉁불퉁 팝콘 길, 뭉치면 먹음직스런 팝콘 산!
팝콘

30개월 이상

아이들은 팝콘 튀는 것을 보면서 과연 어떤 상상을 할까요? 어른들도 팝콘이 튀겨지는 것을 보면 신기한데 아이들이 얼마나 신기해 할지 궁금해요. 팝콘이 잘 튀겨지면 뚜껑이 저절로 열리기도 하니 주의깊게 지켜보세요. 작은 알갱이가 탁탁 튀면서 커지는 것을 보며 부피의 팽창에 대해서 알아보세요.

이런 점이 좋아요
과학 + 창의력

★ 부피의 팽창에 대해 알 수 있어요.
★ 창의력 있게 눈 덮힌 팝콘 산을 꾸며 볼 수 있어요.

 이런 것이 필요해요

팝콘 알갱이 1컵, 버터 6큰술, 올리브유 6큰술, 맛소금 1큰술
도구 뚜껑이 있는 냄비(유리냄비나 유리뚜껑으로 된 냄비), 볼, 위생팩(비닐봉지)

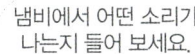
냄비에서 어떤 소리가 나는지 들어 보세요.

팝콘이 어떻게 튀는지 보고 팝콘 튀는 소리를 듣고 표현해 보세요.

1 냄비에 버터와 올리브유를 넣고 녹여 주세요.

2 팝콘 알갱이를 넣고 뚜껑을 닫아 주세요.

3 중간 불에서 1~2분 정도 두면 팝콘이 튀어요.

처음 팝콘의 양과 튀기고 나서 팝콘의 양을 비교해 보세요. 팝콘이 잘 튀겨지면 뚜껑이 저절로 열릴 수 있어요.

4 팝콘이 튀기 시작하면 약한 불에 1분 정도 두고 불은 끈 후 뚜껑을 열어 주세요.

5 팝콘에 소금을 뿌려 주세요.

6 위생팩(비닐봉지)에 넣고 흔들어 소금을 섞어 주세요.

Hint 완성 후 응용놀이

팝콘 산 만들기

재료 위생팩(비닐봉지), 유성 사인펜, 스티커, 투명 테이프

1 팝콘을 위생팩(비닐봉지)에 담아 주세요.
2 팝콘이 나오지 않도록 투명 테이프로 고정시켜 주세요.
3 유성 사인펜과 스티커를 이용해 알록달록하게 팝콘 산을 꾸며 보세요.

따뜻한 호떡이의 차가운 겨울나기
호떡 눈사람

> 36개월 이상

겨울 하면 생각나는 사람은 바로 바로 눈사람! 눈사람은 차가운 눈으로 만들지만 호떡 눈사람은 따뜻해요.
차가운 겨울, 따끈한 호떡을 이용해 녹지 않는 눈사람을 만들어 보아요.
누가 더 멋진 호떡눈사람을 만드는지 지켜보자고요.

이런 점이 좋아요 — 창의력
★ 동그라미를 이용해 다양한 모양을 만들 수 있어요.
★ 창의력 있게 눈사람을 꾸밀 수 있어요.

 이런 것이 필요해요

밀가루 2컵, 찹쌀가루 1/2컵, 인스턴트 드라이이스트 1큰술, 물 1/2컵, 우유 1/2컵, 설탕 조금, 버터 조금
호떡 속 재료 황설탕 1/2컵
장식용 초코펜
도구 볼, 숟가락, 거품기, 프라이팬, 호떡누르개, 랩
TIP 반죽을 직접 만들기 귀찮으면 시판용 호떡 믹스를 사용하세요.

그릇 밖에 반죽이 담긴 만큼 선을 표시해 두고 한 시간 후에 반죽이 어떻게 변했는지 관찰해 보세요.

반죽이 손에 묻지 않도록 손에 버터나 기름을 묻혀 주세요.

1 밀가루와 찹쌀가루, 드라이이스트, 설탕을 넣고 섞어 주세요.

2 물과 우유를 넣고 랩으로 덮은 후 따뜻한 곳에 한 시간 정도 두세요.

3 반죽을 8~10개로 나누어 주세요.

황설탕을 덮어 줄 때 "황설탕이 이제 자고 싶은 가봐요. 반죽 이불로 덮어 줄까요? 잘자라, 황설탕아~~" 이렇게 하며 황설탕을 덮어 주세요.

4 반죽 중간을 꾹 눌러 그릇처럼 만들어 황설탕을 넣어 주세요.

5 황설탕이 안 보이도록 반죽으로 꼭꼭 덮은 후 프라이팬에 버터를 두르고 구워 주세요.

6 호떡을 이용해 눈사람을 만들어 보고 초코펜으로 장식해 주세요.

요리하며 놀아요
Hint 완성 후 응용놀이

코끼리 호떡

재료 호떡, 초코펜

1 다양한 크기의 동그라미 호떡을 준비하세요.
2 동그라미 하나를 이용해 무엇이 생각나는지 이야기 나누세요.
3 동그라미 2개, 동그라미 3개를 이용해 다양한 모양을 만들어 보세요.
4 호떡으로 만든 다양한 모양으로 엄마가 재미있는 이야기를 만들어 들려주세요.
TIP 만 5세 이상이라면 직접 이야기를 만들어 보게 하세요.

펄펄~ 하늘에서 하얀 눈이 내려요
백설기

42개월 이상

'펄펄 눈이 옵니다, 하늘에서 눈이 옵니다.' 하얀 눈이 오는 날 아이와 하얀 눈처럼 생긴 쌀가루를 이용해 맛있는 백설기를 만들어 보세요. 떨어지는 쌀가루를 손으로 만져 보고 촉감도 느껴 보세요.
쌀가루를 눈가루 삼아 뿌려 보고 찜기에 쪄서 커다란 떡을 나눠 보면 무게, 크기, 양과 나누기 개념을 알 수 있어요.

이런 점이 좋아요 _수학_
★ 양, 무게, 크기의 개념을 알 수 있어요.
★ 나누기 개념을 알 수 있어요.

이런 것이 필요해요
멥쌀가루 5컵, 올리고당 1큰술
설탕물 설탕 1/4컵, 물 1/2컵
도구 찜기, 칼, 볼, 냄비, 체, 면 보자기, 젓가락

체에 내릴 때 '하늘에서 하얀 눈이 내려요' 라며 눈을 뿌리듯 해 주세요.

1 설탕과 물을 넣고 끓여 식힌 후 설탕물과 올리고당을 섞어 주세요.

2 멥쌀가루와 ①을 섞어 주세요.

3 체에 한번 내려 주세요.

젓가락으로 구멍을 내면 떡이 골고루 익는답니다.

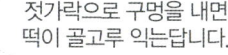

다양한 크기로 잘라 모양을 알아보고 크기도 비교해 본 후 저울을 이용해 무게도 재 보세요.

4 찜기에 면 보자기를 깔고 쌀가루를 눈처럼 솔솔 뿌려 주세요.

5 윗면을 평평하게 하고 젓가락으로 찌른 후 김이 오른 찜기에 10분 정도 쪄 주세요.

6 10분 정도 뜸이 들면 피자 조각처럼 잘라 주세요.

요리하며 놀아요

Hint 요리 전 응용놀이

멥쌀가루 나누기

재료 멥쌀가루, 큰 볼, 저울, 그릇

1 멥쌀가루를 큰 볼에 담아 두고 같은 모양의 그릇을 여러 개 준비하세요.
2 멥쌀가루를 각각 다른 양으로 그릇에 담아 두세요.
3 그릇 중에 많이 담긴 그릇과 적게 담긴 그릇을 찾아보세요.
4 그릇에 똑같이 담아 무게를 재서 '똑같다' 라는 개념을 알아보세요.

따끈따끈한 국물 맛이 끝내줘요 `48개월 이상`
어묵꼬치!

추운 겨울에는 역시 따끈따끈한 어묵이 최고죠? 아이들 간식으로도 그만이지만 아빠의 간식으로도 그만이에요.
꼬치에 어묵을 꽂으며 순서의 개념도 알고 어묵 국물을 만들면서 감칠맛에 대해서도 알 수 있어요.
뜨거운 어묵꼬치를 먹으며 추운 겨울을 이겨 보아요.

이런 점이 좋아요 (수학+과학)
★ 순서의 개념을 알 수 있어요.
★ 감칠맛에 대해 알 수 있어요.

 이런 것이 필요해요

다양한 어묵, 가래떡 1줄
어묵 국물 물 5컵, 다시마(5×5cm) 1장, 다시멸치 4마리, 무 1/10개, 양파 1/4개, 간장 1큰술, 소금 조금
도구 도마, 칼, 냄비, 꼬치, 쿠키 커터

1 어묵과 가래떡은 먹기 좋게 자르거나 쿠키 커터로 찍어 주세요.

멸치 비린내를 없애기 위해 전자레인지에 10초 정도 구워 주세요.

2 멸치는 내장을 빼주세요.

끓이기 전 물의 맛을 보세요.

3 냄비에 물을 붓고 멸치, 무, 양파를 넣고 끓여 주세요.

4 물이 끓으면 불을 줄이고 다시마를 넣고 10~15분 정도 끓여 주세요.

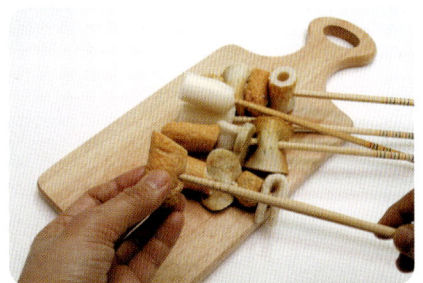

5 꼬치에 어묵과 가래떡의 순서를 정해 꽂아 주세요.

물의 맛을 보고 끓기 전과 비교하면 감칠맛에 대해 알 수 있어요.
감칠맛이란? 재료의 맛이 우러나와 시원하게 어울리면서 입에 감기는 맛을 의미해요.

6 국물에 간장과 소금, 꼬치를 넣고 약한 불에 20분 정도 끓여 주세요.

Hint 1번, 5번 과정 응용놀이

꼬치에 어묵 꽂기

재료 꼬치, 어묵

1 모양을 내어 어묵을 자른 후 모양의 이름을 말하며 꼬치에 꽂아 주세요.
2 아이가 꽂는 순서를 정하고 엄마가 따라하며 꽂아 주세요.
 아이 – 세모, 네모, 분홍어묵, 세모, 별모양
 엄마 – 세모, 네모, 분홍어묵, 세모, 별모양
3 다양한 순서로 꽂은 어묵꼬치를 보면서 어떤 모양인지 이야기를 나누세요.

보글보글 지글지글 구수한
된장찌개

 만 4세 이상

된장, 고추장, 김치, 젓갈 등은 우리나라 대표 발효 음식이에요. 과연 발효음식에는 어떤 과학이 숨어 있을까요?
추운 겨울 구수하게 된장찌개를 끓이며 아이와 함께 발효음식에 숨은 과학을 찾아보는 것도 재미있겠죠?
된장을 싫어하는 아이도 자기가 만든 된장찌개의 맛을 보면 된장 마니아가 될 거에요.

이런 점이 좋아요
과학
★ 발효음식에 대해 알 수 있어요.
★ 발효음식이 왜 몸에 좋은지 알 수 있어요.

🥕 이런 것이 필요해요
물 2컵, 된장 2큰술, 국간장 1/2큰술, 감자 1/2개, 호박 1/8개, 두부 1/4모, 신김치 2잎
도구 도마, 칼, 냄비, 숟가락

1 신김치는 깨끗하게 씻은 후 먹기 좋게 썰어 주세요.

아이가 썰기 쉽도록 감자, 호박은 긴 막대 모양으로 준비해 주세요.

2 감자, 호박, 두부는 깍둑썰기를 해 주세요.

자른 재료들의 딱딱한 순서를 알아보고 딱딱한 순서대로 넣어 주세요.

3 냄비에 물을 붓고 감자를 넣고 끓여 주세요.

4 감자가 반 정도 익으면 호박과 김치를 넣고 끓여 주세요.

된장을 너무 오래 끓이면 유효성분들이 고열에 파괴될 수 있어요. 그러니 거의 마지막에 넣어 주세요.

5 ④에 된장을 넣고 된장이 뭉치지 않도록 잘 풀어 주세요.

6 국간장과 두부를 넣고 2~3분 정도 더 끓여 주세요.

요리하며 놀아요

Hint 주재료 응용 놀이

발효음식이란?

재료 된장, 간장, 젓갈, 김치, 고추장, 치즈

1 발효음식의 뜻을 알아보세요.
   TIP 미생물이 자신이 가지고 있는 효소를 이용해 유기물을 분해시키는 과정을 발효라고 해요.
2 발효음식의 맛을 보세요.
3 발효음식으로 만든 음식을 알아보세요.
   TIP 된장찌개, 김치찌개, 피자, 요구르트 등 발효를 이용한 음식을 알아보세요.

바삭바삭 쿠키가 크리스마스카드가 됐어요

크리스마스카드 쿠키

> 만 5세 이상

아이와 크리스마스를 기다리면서 멋진 카드를 만들어 보세요.
종이로 만든 카드가 아니라 먹을 수 있는 카드는 어떨까요?
바삭바삭 쿠키에 마음을 담아 보내 보세요. 기억에 남는 크리스마스가 될 거예요.

이런 점이 좋아요 (언어+창의력)

★ 쿠키에 감사의 메시지를 적어 볼 수 있어요.
★ 창의력 있게 카드를 꾸밀 수 있어요.

 이런 것이 필요해요

밀가루 2컵, 설탕 2/3컵, 버터 2/3컵, 달걀노른자 1개, 우유 3큰술
색깔 가루 백년초가루 1/2큰술, 녹차가루 1/2큰술
장식용 초코펜
도구 오븐, 볼, 거품기, 체, 밀대, 쿠키 커터, 젓가락

1 볼에 버터와 설탕을 섞은 후 달걀노른자와 우유를 섞어 주세요.

2 밀가루는 체에 친 후 ①과 섞어 반죽을 만들어 주세요.

단호박가루나 딸기가루 등을 사용하면 더 다양한 색깔의 쿠키 반죽을 만들 수 있어요.

3 완성된 반죽을 3등분해서 반죽 2개에 백년초가루와 녹차가루를 각각 섞어 두 가지 색깔 반죽을 만들어 주세요.

4 흰 반죽은 밀대로 밀어 네모 모양으로 만들고 색깔 반죽은 쿠키 커터를 이용해 다양한 모양을 만들어 주세요.

5 네모 모양 테두리를 젓가락으로 콕콕 찍어 무늬를 만들고 색깔 반죽으로 꾸며 주세요.

초코펜은 대형할인마트 제과제빵 코너에서 판매해요.

6 180℃ 오븐에서 10~15분 정도 구운 후 초코펜으로 카드에 '메리크리스마스' '사랑합니다' 등의 글자를 적어 주세요.

요리하며 놀아요

Hint 주재료 응용놀이

백년초가루 그림 그리기

재료 종이, 달걀흰자, 백년초가루

1 종이에 달걀흰자를 이용해 그림을 그려 주세요.
2 백년초가루를 뿌려 주세요.
3 달걀흰자로 그린 부분에만 백년초가루가 묻겠죠?
  짜잔~ 멋진 그림 완성~

Part 4
Cooking Play

요리하며 배우는
학습 요리

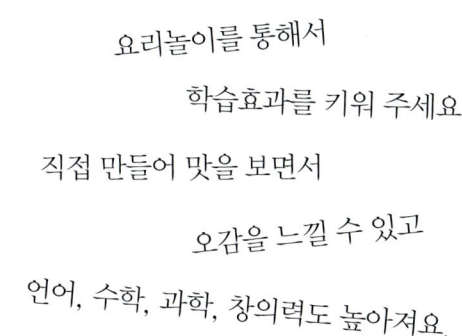

요리놀이를 통해서
학습효과를 키워 주세요.
직접 만들어 맛을 보면서
오감을 느낄 수 있고
언어, 수학, 과학, 창의력도 높아져요.

새우 등이 굽었어요
새우파인애플꼬치

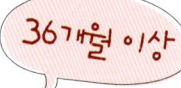 36개월 이상

아이가 좋아하는 새우와 파인애플을 꼬치에 꽂아 만드는 새우파인애플꼬치.
꼬치를 만들면서 요리 재료의 이름을 알아보고 요리 용어도 알아보며 다양한 언어 표현력을 늘려 보세요.
요리만큼 아이들의 표현력을 키우는 놀이도 없을 거예요.

이런 점이 좋아요 언어

★ '새우' '파인애플' '키위'의 글자를 알 수 있어요.

 이런 것이 필요해요

새우(중하) 10마리, 파인애플 1/4개, 키위 1개, 방울토마토 5알
소스 스위트칠리소스 3큰술, 케첩 1큰술
도구 도마, 칼, 숟가락, 볼, 냄비, 체, 꼬치

1 냄비에 물을 끓인 후 새우를 익혀 주세요.

바다의 고기를 잡는 것처럼 새우를 체로 잡아 보세요.

2 체로 새우를 건져 주세요.

3 파인애플을 8조각으로 잘라 주세요.

키위가 너무 익으면 꼬치에 꽂기 힘드니 약간 단단한 키위를 사용하세요.

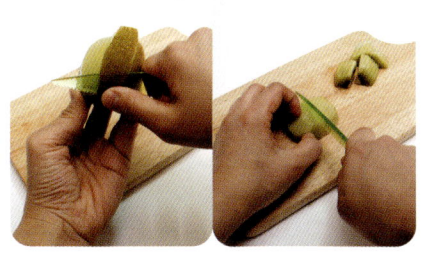

4 키위는 껍질을 벗기고 8조각이 되도록 잘라 주세요.

5 소스 재료를 골고루 섞어 주세요.

꼬치에 꽂을 때 꼬치 끝에 찔릴 수 있으니 주의해서 재료의 이름을 말하며 꽂아 주세요.

6 꼬치에 파인애플, 새우, 키위, 방울토마토 등의 순서를 정해 꽂아 주세요.

Hint 2, 3번 과정 응용놀이

새우와 파인애플 이야기

재료 새우, 파인애플

1 새우와 파인애플의 특징을 살펴보세요.
2 특징을 이용해서 하트 모양을 만들어 보세요.
TIP 아이와 대화를 하며 다양한 모양을 만들어 보세요.
　　엄마 – 새우는 등이 굽었어요. 두 마리가 뽀뽀를 하니 하트가 되었네요.
　　아이 – 우와~~ 나도 나도 해볼래요. 새우 뽀뽀~~

콩이여, 다 모여라!
콩 샐러드

36개월 이상

아이들이 싫어하는 음식 중의 하나가 바로 콩일 거예요. 어떻게 하면 콩을 먹게 할 수 있을까요?
아이와 함께 다양한 콩의 종류와 이름을 알아보고 콩을 분류하면서 콩과 친해지게 하세요.
콩 샐러드를 만들면 콩을 싫어하는 아이도 신기하게 콩을 먹게 된답니다. 그럼 콩박사가 되어 볼까요?

이런 점이 좋아요
언어
★ 다양한 콩 이름을 알 수 있어요.
★ 같은 콩끼리 분류해 볼 수 있어요.

 이런 것이 필요해요

다양한 콩 1컵, 단호박 1/2개, 고구마(중간 크기) 1개, 올리고당 2큰술
도구 전자레인지, 볼, 으깨기, 숟가락, 냄비, 위생팩(비닐봉지)

팥이나 녹두는 불리지 않고 바로 삶으면 잘 익지 않아요.

불리기 전 콩, 불린 콩, 삶고 난 콩을 비교해 보세요.

1 콩은 깨끗하게 씻은 후 반나절 정도 불려 주세요.

2 단호박과 고구마를 깨끗하게 씻은 후 위생팩(비닐봉지)에 넣고 전자레인지에서 10분간 익혀 주세요.

3 불린 콩은 냄비에 붓고 물을 2~3컵 정도 부은 후 삶아 주세요.

4 고구마와 단호박 껍질을 벗기고 으깨 주세요.

5 ④에 삶은 콩 2/3 정도를 넣고 섞어 주세요.

남은 콩으로 사랑의 하트를 만들어 보세요.

6 올리고당을 넣고 섞은 후 그릇에 담아 평평하게 만들고 남은 콩으로 장식하세요.

요리하며 놀아요

Hint 요리 전 응용놀이

같은 콩을 찾아라

재료 다양한 콩, 그릇, 사각 쟁반

1 다양한 콩의 이름과 특징을 알아보고 콩을 모두 섞어 주세요.
TIP 콩을 섞으면서 촉감이나 섞이는 소리가 어떤지 알아보세요.
2 콩을 사각 쟁반에 펼쳐 손가락으로 콩 이름을 적어 보세요.
3 같은 콩을 분류해 보세요.
TIP 아이들이 쉽게 분류할 수 있도록 한 종류에 10알 정도만 준비하세요. 사진 속의 콩 이름은 약콩, 쥐눈이콩, 붉은콩이에요.

먹으면서 한글 공부해요
알록달록 한글 쿠키

36개월 이상

아이와 함께 글자 공부를 재미있게 하는 방법은 없을까요? 글자를 완성해서 맛있게 먹을 수 있다면 어떨까요? '사랑'이라는 글자를 만들고 먹으면서 자음과 모음을 알아보세요. 알고 있는 글자를 만드는 스스로 학습이 된답니다. 먹으면서 한글 공부하는 신기한 쿠키를 만들어 보세요.

이런 점이 좋아요
언어
★ 한글의 자음과 모음을 알 수 있어요.
★ 다양한 글자를 만들 수 있어요.

 이런 것이 필요해요

밀가루 1컵, 설탕 1/3컵, 버터 1/3컵, 달걀 1/2개
색깔 가루 코코아가루 1큰술, 녹차가루 1큰술
도구 오븐, 볼, 거품기, 밀대, 체, 글자 모양 쿠키 커터
TIP 글자 모양 쿠키 커터는 제과제빵용품점에서 구입할 수 있어요.

버터는 실온에 두었다 섞기 편할 때까지 녹인 후 사용하세요.

1 버터와 설탕, 달걀을 넣고 섞어 주세요.

2 밀가루를 체에 친 후 ①을 섞어 쿠키 반죽을 완성하세요.

3 쿠키 반죽을 3등분한 후 각각의 색깔 가루를 섞어 반죽해 주세요.

4 반죽을 밀대로 평평하게 펼쳐 주세요.

쿠키를 찍을 때 어떤 글자인지 소리를 내보며 찍어 보세요.

5 글자 모양 쿠키 커터로 찍어 주세요.

다른 쿠키 보다 크기가 작아 탈 수 있으니 주의해 주세요.

6 180℃ 오븐에서 7~10분 정도 구워 주세요.

요리하며 놀아요

Hint 완성 후 응용놀이

쿠키로 글자 만들기

재료 한글쿠키

1 쿠키를 자음과 모음으로 나누세요.
2 자음과 모음에서 아이 이름을 찾아 만들어 보세요.
3 완성된 글자를 크게 읽어 보세요.
TIP 글자가 완성된 쿠키는 맛있게 먹어요.

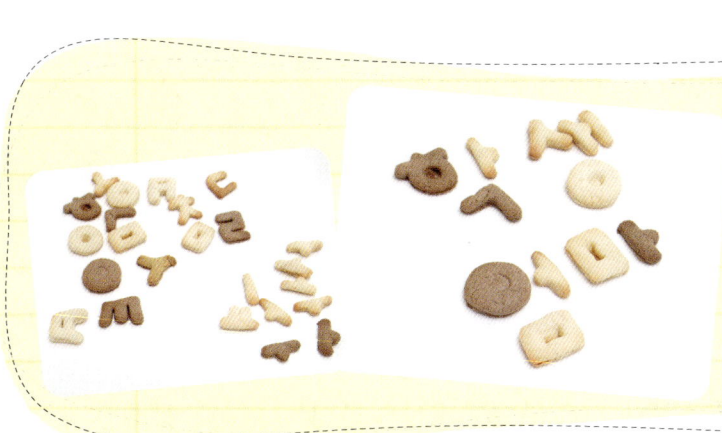

노란 카레와 쫄깃한 국수가 만났어요 　만 4세 이상
카레비빔국수

지글지글, 쫄깃쫄깃, 후루루 쭉~. 국수를 삶을 때의 소리, 삶은 국수의 느낌, 국수를 먹을 때의 소리 등 국수를 이용해 다양한 의성어에 대해 알아보세요. 카레비빔국수를 만들면서 의성어를 사용해 보고 표현해 보세요. 카레가루는 순한 맛을 사용하는 것이 좋아요. 카레 향이 너무 강하면 아이가 싫어할 수도 있거든요.

이런 점이 좋아요　언어
★ 국수에 대해 알 수 있어요.
★ 다양한 의성어를 알 수 있어요.

 이런 것이 필요해요

국수 100g(한 줌), 카레가루 1/3컵, 물 1컵, 호박 1/10개, 양파 1/8개, 돼지고기 50g, 옥수수알 2큰술, 소금 조금, 올리브유 조금
도구 도마, 칼, 숟가락, 냄비, 체, 볼, 젓가락

볶을 때 기름이 튈 수 있으니 조심하세요.

볼을 튀지 않을 정도로 들어 '주르륵' 소리를 들을 수 있게 하세요.

1 카레가루와 물을 섞어 따로 두고 호박과 양파는 '쓱쓱싹싹' 잘라 주세요.

2 냄비에 올리브유를 두르고 '찌~~' 소리가 나면 호박과 양파, 돼지고기를 '지글지글' 볶아 주세요.

3 카레가루 푼 물을 '주르륵' 붓고 끓으면 옥수수알을 넣어 카레를 완성하세요.

국수를 1/2씩 나눠 넣어 뭉치지 않게 하세요.
국수가 끓어오르면 찬물을 넣어
국수의 속까지 익을 수 있게 해 주세요.

4 다른 냄비에 물을 붓고 '보글보글' 물이 끓으면 소금과 국수를 넣은 후 젓가락으로 '휘~휘~' 저으며 삶아 주세요.

5 삶은 국수를 체에 '쫙~' 붓고 찬물에 '살랑살랑' 씻어 주세요.

6 국수의 물기를 '쫙~' 빼 준 후 그릇에 담고 카레를 부어 비벼서 먹어요.

요리하며 놀아요

Hint 4번 과정 응용놀이

국수 생김새 알아보기

재료 국수

1 국수를 삶기 전에 손으로 만져 보고 부러뜨려 보고 먹어 보세요.
TIP 삶기 전의 국수는 '까슬까슬' 하고 '똑똑' 잘 부러져요.
2 삶고 난 후 국수를 만져 보고 잘라 보고 먹어 보세요.
TIP 삶은 국수는 '미끈미끈' 하고 '후루루 쭉' '오물오물' 씹어 먹어요.
3 삶기 전과 삶고 난 후의 느낌을 말해 보세요.

엇! 떡볶이가 새까매요
자장떡볶이

만 5세 이상

다양한 자신의 생각을 말로 표현하다 글로 표현하는 시기가 되면, 그림을 그리고 짧게 자신의 생각을 글로 표현하게 돼요. 요리 재료를 이용해 아이가 어떤 생각을 하는지 간단히 표현할 수 있게 하세요. 이때 아이 혼자하게 두는 것이 아니라 엄마도 옆에서 생각해 보고 글을 지어 보세요.

이런 점이 좋아요 — 언어

★ 떡볶이를 두고 글을 지을 수 있어요.
★ 자신의 생각을 글로 표현할 수 있어요.

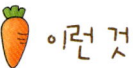 **이런 것이 필요해요**

떡볶이 떡 300g, 어묵 2장, 양파 1/8개, 호박 1/10개, 옥수수알 2큰술, 올리브유 조금
자장 소스 물 1컵, 춘장 2큰술, 물녹말 2큰술(녹말 1큰술+물 1큰술), 설탕 조금
도구 도마, 칼, 숟가락, 냄비, 나무주걱

떡이 딱딱하면 비닐봉지에 담아 전자레인지에 10~20초 정도 돌려 말랑말랑하게 하세요.

어묵을 자를 때 커다란 네모를 작은 네모로 만들고 작은 네모를 세모로 만들어 보자고 해서 큰 네모, 작은 네모, 큰 세모, 작은 세모를 만들어 보세요.

1 떡볶이 떡은 반으로 자른 후 물에 담가 두세요.

2 어묵은 네모, 세모 모양으로 잘라 주세요.

3 양파와 호박을 잘라 주세요.

물녹말을 부을 때는 주걱으로 빨리 저어 덩어리지지 않게 하세요.

4 냄비에 올리브유를 두르고 양파와 호박을 볶다가 춘장을 넣고 다시 볶아 주세요.

5 물을 붓고 보글보글 끓으면 물에 담근 떡을 건져 넣고 자른 어묵을 넣어 주세요.

6 옥수수알과 설탕을 넣고 끓인 후 물녹말을 넣고 섞어 주세요.

Hint 완성 후 응용놀이

떡볶이 글짓기

재료 종이, 색연필

1 아이 혼자 두지 말고 아이가 생각을 끌어 낼수 있도록 함께해 주세요.
2 글자가 틀렸거나 주제와 다른 것을 그린다고 혼내지 마세요. 틀린 글자는 그대로 두세요. 이제 막 글을 쓰기 시작한 아이한테 글자가 틀렸다고 혼내면 글 쓰는 것 자체를 싫어하게 될 수도 있어요. 주제와 관련되지 않은 그림을 그리더라도 아이는 그 주제와 연결되었다고 생각하기 때문에 그린 거예요. 왜 그 그림을 그렸는지 물어보세요.

건곤감리 태극기를 만들었어요
태극기 케이크

만 5세 이상

우리나라 사람이라면 꼭 알아야 할 태극기. 하지만 태극기의 의미나 4괘의 이름, 모양을 모르는 분도 있어요.
우리 아이에게 부끄럽지 않은 대한민국 어른이라는 것을
보여 주기 위해 태극기케이크를 만들어 보세요.

이런 점이 좋아요
언어
★ 태극기에 대해 알 수 있어요.
★ 나라 사랑하는 마음을 키울 수 있어요.

 이런 것이 필요해요

직사각 카스텔라(15×10cm), 휘핑크림 2컵, 프루트볼 1/2컵, 딸기잼 2큰술,
블루베리잼 2큰술, 초코 빼빼로 4개
도구 볼, 거품기(핸드믹서), 잼칼, 숟가락, 짜주머니, 고무밴드

뒤집어서 휘핑크림이 떨어지지 않으면 크림이 완성된 거예요. 휘핑크림은 차가운 것을 사용해야 거품이 잘 만들어져요.

1 큰 볼에 휘핑크림과 올리고당을 넣어 거품기로 저어 주세요.

2 한 장의 카스텔라 빵에 생크림을 발라 주세요.

빵이 서로 붙을 수 있도록 10초 동안 눌러 주세요.

3 프루트볼을 얹은 후 다른 빵으로 덮어 주세요.

4 빵이 안 보이도록 잼칼이나 숟가락으로 생크림을 발라 주세요.

짜주머니의 입구를 고무밴드로 묶어 주면 아이가 짜기 편해요.

5 짜주머니에 크림을 담고 태극무늬를 그린 후 딸기잼과 블루베리잼을 담아 주세요.

6 초코 빼빼로 4개를 각각 3개(건), 4개(이), 5개(감), 6개(곤)로 각각 자른 후 4괘를 완성하세요.

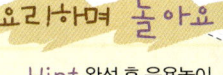

Hint 완성 후 응용놀이

손가락 생크림 총 만들기

재료 남은 생크림, 비닐장갑, 이쑤시개

1 남은 생크림을 비닐장갑에 넣어 주세요.
2 각각의 손가락으로 생크림을 넣어 주세요.
3 이쑤시개로 비닐에 구멍을 뚫어 주세요.
4 손가락 생크림 총 발사!!

알록달록 3색의 달콤한
상투과자

36개월 이상

달콤한 맛의 상투과자~! 색깔까지 알록달록해서 우리 아이에게 인기 만점 메뉴예요.
여러 개의 상투과자를 만들어 수의 개념도 알고 '많다' '적다' 의 개념도 알아보아요.
'많다' '적다' 를 알았다면 어떤 숫자가 큰지, 작은지도 알아보면 좋겠죠?

이런 점이 좋아요
수학
★ 수의 개념과 나누기 개념을 알 수 있어요.
★ '많다' '적다' 의 개념을 알 수 있어요.

 이런 것이 필요해요

흰 앙금 300g, 달걀 1개
색깔 가루 백년초가루 1큰술, 호박가루 1큰술, 녹차가루 1큰술
도구 오븐, 저울, 숟가락, 볼, 알뜰주걱, 짜주머니, 별모양 깍지

저울을 이용해 똑같은 무게로 나눠도 돼요.

1 흰 앙금을 3개의 볼에 나눠 담아 주세요.

2 달걀을 깨서 풀어 주세요.

3 각각의 볼에 달걀 물을 나눠 섞어 주세요.

별모양 깍지가 없다면 짜주머니를 톱니 모양으로 잘라 사용해도 돼요.

색깔별로 몇 개인지 세 보고 어떤 것이 많고 적은지를 알아보세요.

4 색깔 가루를 각각의 볼에 넣고 섞어 주세요.

5 알록달록하게 만들어진 앙금을 깍지를 끼운 짜주머니에 담아 입구 쪽을 묶어주세요.

6 각 앙금을 오븐 팬에 상투 모양으로 짠 후 170℃ 오븐에서 15~20분 정도 구워 주세요.

Hint 완성 후 응용놀이

많다, 적다 알아 맞추기 놀이

재료 상투과자, 큰 볼, 그릇, 많다와 적다의 낱말카드

1 만든 상투과자를 큰 볼에 담아 주세요.
2 상투과자가 몇 개인지 세보세요.
3 두 개의 그릇에 상투과자를 나눠 담아 보세요.
4 한쪽 그릇에는 10개, 다른 쪽에는 5개를 담고 어느 것이 많고 적은지 알아보세요.

동글동글 요술쟁이
경단

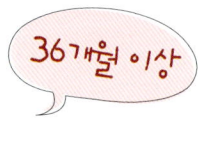
36개월 이상

동그라미 경단을 하나, 둘, 셋 모아 길고 짧은 애벌레를 만들어 보세요. 크기가 다른 경단을 각각 만들어 볼까요?
경단 하나로 길고 짧음, 크고 작음을 알아보면서 길이의 개념과 크기의 개념을 배울 수 있어요.
그냥 무심코 먹었던 경단으로 이렇게 아이와 쉽게 수학 공부를 할 수 있다니, 정말 좋죠?

이런 점이 좋아요 · 수학
★ 길이의 개념을 알 수 있어요.
★ 크기의 개념을 알 수 있어요.

 이런 것이 필요해요

찹쌀가루 2컵, 흰 앙금 1/4컵, 소금 조금
고물 카스텔라 1개, 깨소금 4큰술, 백년초가루 1큰술, 호박가루 1큰술
도구 도마, 칼, 냄비, 체, 숟가락, 강판
TIP 찹쌀가루는 방앗간에서 빻는 것이 시판용보다 맛있어요.

처음에는 뜨거우니 엄마가 어느 정도 반죽을 한 후 아이가 반죽을 하게 하세요.

1 팔팔 끓는 물로 찹쌀가루를 익반죽해서 떡 반죽을 완성하세요.

2 카스텔라는 강판에 갈아 가루로 만든 후 3등분으로 나눠 각각 백년초가루와 호박가루를 섞어 주세요.

3 떡 반죽을 긴 막대로 만든 후 일정한 크기로 잘라 동그랗게 빚어 주세요.

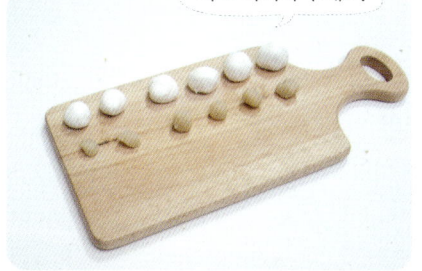

반죽과 앙금을 서로 짝지어 주세요.

4 흰 앙금은 콩알 만한 크기로 빚고 동그랗게 빚은 떡에 손가락으로 홈을 파서 앙금을 보이지 않게 넣고 빚어 주세요.

반죽이 투명하게 되면 다 익은 거예요.

5 끓인 물에 소금과 빚은 경단을 익힌 후 체로 건져서 찬물에 넣어 주세요.

6 반죽의 물기를 빼고 원하는 고물을 묻혀 주세요.

Hint 완성 후 응용놀이

큰 경단을 찾아라

재료 경단

1 알록달록 색깔의 경단을 색깔별로 분류해 보세요.
2 경단 3개, 경단 6개를 각각 줄을 세워 어느 쪽이 길고 짧은지 알아보세요.
3 경단 중 큰 것과 작은 것을 찾아보세요.

맛있는 초콜릿으로 만든 숫자카드
숫자초콜릿

'1, 2, 3, 4, 5, 6, 7······.' 아이들이 숫자를 세기는 하지만 아직 잘 읽지는 못하죠? 이럴 때 아이들과 함께 초콜릿으로 숫자카드를 만들어 보세요. 맛있는 숫자카드면 아이들도 종이에 적힌 것보다 흥미를 가지고 공부할 수 있을 거예요. 잠깐! 너무 더운 여름은 만들다 손에 초콜릿을 묻힐 수 있으니 피해 주세요.

이런 점이 좋아요
수학
★ 숫자에 대해 알 수 있어요.
★ 수의 크기에 대해 알 수 있어요.

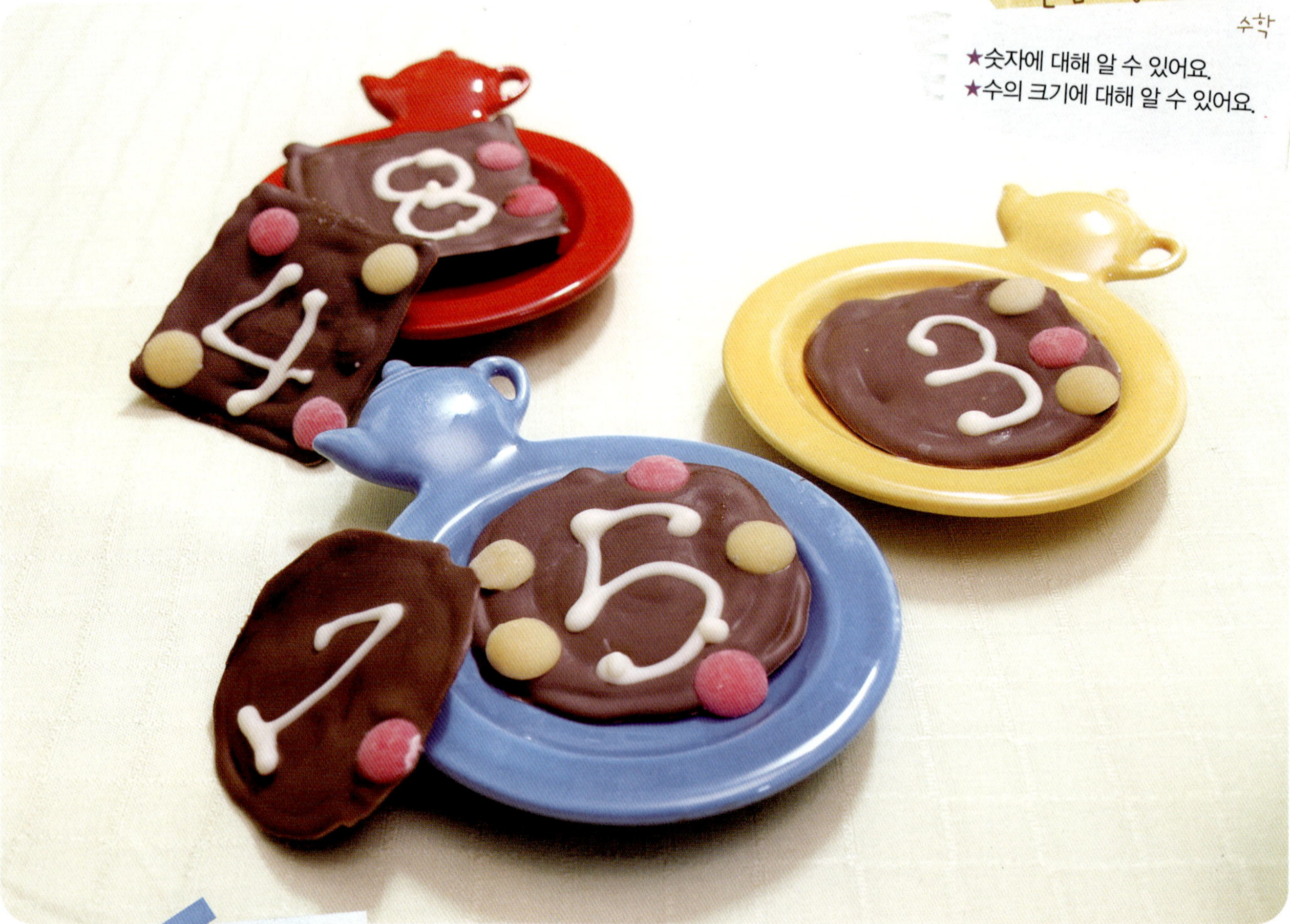

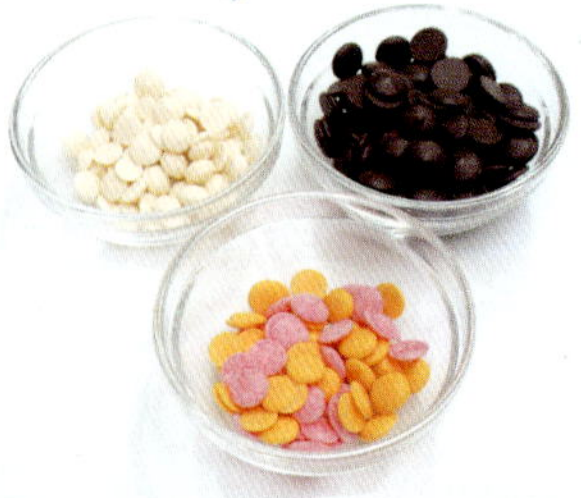

 **이런 것이 필요해요**

밀크 버튼 초콜릿 300g, 화이트 버튼 초콜릿 100g, 색깔 버튼 초콜릿 100g
도구 볼, 짜주머니, 종이호일, 사각 접시

물이 뜨거우니 주의하세요.

1 짜주머니에 초콜릿을 담아 주세요.

2 볼에 뜨거운 물을 담고 초콜릿을 담은 짜주머니를 담근 후 녹여 주세요.

3 사각 접시에 종이호일을 깔고 초콜릿으로 네모나 동그라미를 여러 개 그려 주세요.

1, 2, 3 숫자를 쓰며 숫자를 말해 보세요.

색깔 버튼 초콜릿을 붙일 때 숫자를 읽고 색깔 버튼 초콜릿을 붙여 주세요.

4 초콜릿을 냉장고에 5분 정도 둔 후 굳었으면 네모나 동그라미 안을 초콜릿으로 채워 주세요.

5 초콜릿이 조금 굳으면 화이트 초콜릿으로 숫자를 써 주세요.

6 숫자에 맞게 색깔 버튼 초콜릿을 붙이고 실온에서 1시간 정도 굳혀 주세요.

요리하며 놀아요

Hint 완성 후 응용놀이

숫자초콜릿카드

재료 숫자초콜릿카드, 색깔 버튼 초콜릿

1 숫자초콜릿을 순서대로 놓아 보세요.
2 카드에 있는 색깔 버튼 초콜릿의 수를 세 보며 숫자의 크기를 알아보세요.
3 접시에 색깔 버튼 초콜릿 2개를 담고 숫자 '2'를 찾아보세요.
4 찾은 숫자가 맞으면 숫자초콜릿카드를 먹고 틀리면 다시 찾아보세요. 이렇게 다른 숫자들도 찾아보며 수의 개념도 알고 숫자의 크기도 알아보세요.

조물조물 밥을 뭉쳐 주머니 속으로 쏙쏙! 　42개월 이상
주머니속 볶음밥

편식을 하거나 밥을 잘 먹지 않는 아이라면 주머니 속 볶음밥을 만들어 보세요.
잘 먹지 않는 야채를 밥과 함께 주머니인 유부피에 숨기면 자기도 모르게 싫어하는 야채를 먹게 된답니다.
빼기, 더하기 놀이를 하면서 먹으면 더 신나겠죠?

이런 점이 좋아요　수학
★ 수의 개념을 알 수 있어요.
★ 나누기, 더하기, 빼기의 개념을 알 수 있어요.

 이런 것이 필요해요

밥 1공기, 시판용 유부피 12장, 다진 피망 1/8개, 다진 당근 1/10개, 다진 양파 1/8개,
올리브유 조금, 소금 조금, 깨소금 조금
찍어 먹는 소스 마요네즈 1큰술, 스위트칠리소스 1/2큰술
도구 볼, 프라이팬, 숟가락, 나무주걱, 비닐장갑
TIP 대형할인마트에서 어린이용 비닐장갑을 구입할 수 있어요.

1 프라이팬에 올리브유를 두르고 다진 야채를 볶다 밥을 넣고 볶아 주세요.

2 소금과 깨소금을 넣어 간을 해 주세요.

아이와 힘껏 '후~' 불거나 부채질을 해서 밥을 식혀 주세요.

3 볼에 볶은 밥을 담고 저어서 식혀 주세요.

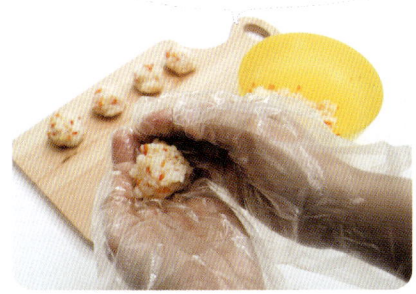

한 덩어리를 12개로 나눠 볼까요?

4 비닐장갑을 끼고 밥을 12등분으로 나눠 주세요.

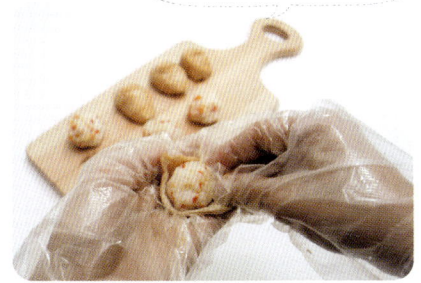

주먹밥이 추워요. 주머니 속으로 '쏙' 들어갈까요?

5 엄마가 유부피를 벌리면 아이가 밥을 '쏙' 넣어 주세요.

6 찍어 먹는 소스를 만들어 주머니 속 볶음밥을 찍어 먹어요.

Hint 완성 후 응용놀이

몇 개일까요?

재료 주머니속볶음밥, 접시

1 세 개의 접시를 준비하세요.
2 만든 주머니 속 볶음밥이 몇 개인지 세 보세요.
3 두개의 접시에 하나씩 똑같이 나누어 주세요. 몇 개인지 세 보세요.
4 하나씩 먹으면 몇 개가 되는지 세 보세요.
TIP 만 6세 이상이라면 '2×3=6' 이라는 곱하기의 개념을 3개의 접시에 2개씩 담아 6개가 된다는 것을 알게 하세요.

담백하고 고소한 크고 작은
건포도 스콘

만 5세 이상

성스러운 돌의 이름에서 따왔다는 스콘. 재료 구하기도 쉽고 만들기도 쉬워서 아이들 간식으로 그만이에요.
여러 가지 크기의 스콘을 만들어 크기의 개념도 알아보고 저울을 사용해 계량하는 방법도 알아보면서
아이가 숫자와 친해질 수 있도록 해볼까요?

이런 점이 좋아요 _수학_
★ 크기와 무게의 개념을 알 수 있어요.
★ 계량하는 법을 알 수 있어요.

 이런 것이 필요해요

밀가루 200g, 베이킹파우더 4g, 버터 40g, 건포도 50g, 설탕 40g, 달걀 1개, 우유 60g
달걀 물 달걀노른자 1개, 물 2큰술
도구 오븐, 볼, 체, 알뜰주걱, 요리용 솔, 가위, 위생팩(비닐봉지), 거품기

건포도에 수분이 없으면 따뜻한 물에 5분 정도 담궈 물기를 뺀 후 잘라 주세요. 자르지 않으면 구울 때 부풀어 올라 스콘 반죽에서 튀어나와요.

1 달걀과 설탕, 우유를 골고루 섞어 주세요.

2 건포도는 가위로 잘게 잘라 주세요.

3 밀가루와 베이킹파우더를 섞어 체에 내린 후 버터와 건포도를 넣고 섞어 주세요.

스콘이 예뻐지게 달걀 물을 솔로 발라 주세요.

크기가 각각 다르므로 익는 속도도 다르답니다. 15분이 지나 익으면 크기가 작은 것부터 꺼내 주세요.

4 ①과 ③을 섞어 반죽을 만든 후 위생팩(비닐봉지)에 싸고 30분 정도 냉장고에 넣어 두세요.

5 냉장고에서 반죽을 꺼내 여러 가지 크기로 빚은 후 달걀 물을 발라 주세요.

6 비슷한 크기의 반죽을 나눠 각각 180℃ 오븐에서 15~20분 정도 구워 주세요.

요리하며 놀아요

Hint 완성 후 응용놀이

어느 것이 더 클까요?

재료 저울, 크다와 작다의 낱말카드

1 다양한 크기의 스콘을 크기별로 줄을 세워 크기의 개념을 알아보세요.
2 저울을 이용해 각각의 무게를 재 본 후 어떤 것이 무겁고 가벼운지 알아보세요.

TIP 아이들은 저울에 무게 재는 것을 좋아해요. 다양한 도구의 무게를 재 보세요.

똑딱똑딱 버거야, 시간을 알려줘
시계버거

> 만 5세 이상

직접 시계를 이용해서 시간 보는 법을 알려 줄 수도 있지만
우리 아이들이 좋아하는 햄버거를 이용해서 시계를 만들어 보는 건 어떨까요?
시간을 공부하고 그 시계를 먹기까지 하니, 시계버거를 만들고 나면 몇 시인 줄 쉽게 알게 될 거예요.

이런 점이 좋아요 수학
★ 시간의 개념을 알 수 있어요.
★ 시계 보는 법을 알 수 있어요.

 이런 것이 필요해요

햄버거 빵 2개, 소고기 150g, 돼지고기 50g, 피클 8개, 슬라이스 치즈 2장, 올리브유 조금, 마요네즈 조금, 케첩 조금
고기 양념 간장 1큰술, 설탕 1/2큰술, 다진 마늘 1/2큰술, 녹말가루 1큰술, 소금 조금, 후춧가루 조금
장식용 파프리카, 케첩
도구 도마, 칼, 볼, 프라이팬, 뒤집개, 이쑤시개, 짜주머니, 주전자 뚜껑

반죽이 찰지게 될 때까지 아이와 함께 신나게 반죽해 주세요. 펀치처럼 때리기도 하면서 말이죠.

고기를 굽다 보면 중간이 안 익을 수 있어요. 중간을 꾹 눌러 주세요. 주전자 뚜껑으로 눌러 주면 일정한 두께로 만들어져요.

'지글지글' 고기 굽는 소리를 들어 보세요.

1 볼에 소고기와 돼지고기, 고기 양념을 넣고 반죽해 주세요.

2 고기 반죽은 동글납작하게 한 후 중간을 꾹 눌러 주세요.

3 프라이팬에 올리브유를 두르고 빵과 고기를 노릇노릇하게 구워 주세요.

4 햄버거 빵에 마요네즈→치즈→피클→구운 고기→케첩→빵 순서로 올려 주세요.

5 ④를 전자레인지에 10초간 돌려 준 후 케첩을 짜주머니에 담아 접시에 1~12까지 숫자를 적어 주세요.

6 파프리카로 시침과 분침을 만들고 이쑤시개로 고정시켜 주세요.

요리하며 놀아요

Hint 완성 후 응용놀이

시계놀이

재료 시계버거

"시계는 아침부터 똑딱 똑딱~~" 이렇게 시작되는 노래를 부르며 시계놀이를 해보세요.

1 시침바늘을 '1'에 두고 분침바늘을 '12'에 두면 1시, 1시면 "땡"이라고 소리 내세요.
2 시침바늘을 '2'에 두고 분침바늘은 '12'에 두면 2시, 2시면 "땡땡"이라고 소리 내세요.
3 이렇게 1시에서 12시까지 시간을 알아보세요.

내 손이랑 똑같이 생겼어요
나의 손 쿠키!

36개월 이상

자신의 몸이 어떻게 생겼는지 궁금할 때쯤 우리 아이와 몸이 어떻게 생겼는지 알아보고 우리의 몸 중 손을 쿠키로 만들어 보는 건 어떨까요? 손에는 5개의 손가락도 있고 손금도 있고 손톱도 있지요. 손이 어떻게 생겼는지 관찰해 보고 말랑말랑한 쿠키 반죽이 왜 딱딱하게 될까도 생각해 보세요.

이런 점이 좋아요
과학
★ 손의 특징에 대해 알 수 있어요.
★ 물질의 변화에 대해 알 수 있어요.

 이런 것이 필요해요

밀가루 2컵, 설탕 2/3컵, 버터 2/3컵, 달걀 1개, 코코아가루 1/2큰술
도구 오븐, 볼, 꼬치, 거품기, 밀대, 체

1 버터와 설탕, 달걀을 넣고 섞어 주세요.

2 밀가루를 체에 친 후 ①을 섞어 쿠키 반죽을 완성하세요.

3 쿠키 반죽을 조금 떼어 코코아가루를 섞어 주세요.

아이 손과 엄마 손을 각각 만들어 보는 것도 좋겠죠?

자신의 손 특징에 맞게 손 모양을 만들어 주세요.

굽기 전 쿠키 반죽과 굽고 난 후의 쿠키 반죽을 비교해 보세요.

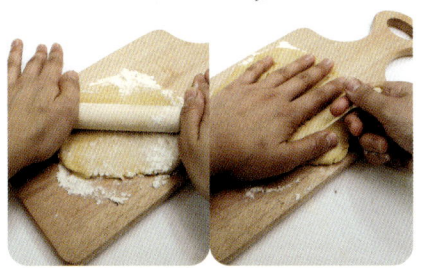

4 반죽을 밀대로 밀어 준 후 반죽 위에 손을 올려 손 모양대로 꼬치로 그려 주세요.

5 손 모양 위에 코코아 반죽으로 손톱을 만들어 붙여 주세요.

6 원하는 손 모양을 만든 후 180℃ 오븐에서 15~20분 정도 구워 주세요.

Hint 완성 후 응용놀이

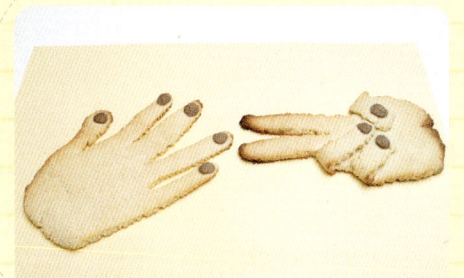

가위, 바위, 보 놀이

재료 가위, 바위, 보 모양의 쿠키

1 가위, 바위, 보 쿠키를 각각 만들어 주세요.
2 가위, 바위, 보 쿠키를 바닥에 두세요.
3 말로 "가위, 바위, 보"를 하면서 바닥에 있는 쿠키 중에 하나를 들어요.
4 누가 더 많이 이기나 놀이를 하세요.

알록달록 영양만점 비빔밥! 쓱쓱 비벼요
새싹채소 김치비빔밥

42개월 이상

아이와 식물을 키우면서 자라는 모습을 관찰하면 식물이 어떻게 자라는지도 알 수 있고 식물의 소중함도 알 수 있답니다. 집에 텃밭이 있어 다양한 식물들을 심으면 좋겠지만 그렇지 않으면 새싹채소들을 키워 보세요. 아이와 함께 5~10일 정도만 키우면 새싹이 어떻게 자라는지도 알 수 있고 수확의 기쁨도 얻을 수 있답니다.

이런 점이 좋아요
과학
★ 새싹채소를 직접 키워 볼 수 있어요.
★ 식물이 자라는 과정을 알 수 있어요.

이런 것이 필요해요
새싹 채소 한 줌, 밥 1/2공기, 신김치 2잎, 달걀 1개, 김자반 1큰술, 올리브유 조금
양념장 간장 1큰술, 참기름 1/2큰술, 깨소금 조금
도구 도마, 칼, 볼, 숟가락, 프라이팬, 뒤집개, 그릇

매운 것을 싫어하는 아이는 김치를 씻어서 썰어 주세요.

달걀이 어떻게 변하는지 관찰해 보세요.

1 신김치는 먹기 좋게 썰어 주세요.

2 볼에 양념장 재료를 넣고 섞어 주세요.

3 프라이팬에 기름을 두르고 달걀 후라이를 만들어 주세요.

4 그릇에 밥을 담아 주세요.

5 달걀을 올리고 새싹채소, 신김치, 김자반을 세 칸으로 나눠 담아 주세요.

아빠, 엄마는 고추장에 비벼 먹는 것이 더 맛있겠죠?

6 양념장을 넣어 비벼 먹어요.

요리하며 놀아요

Hint 요리 전 응용놀이

새싹채소 키우기

재료 새싹 씨앗, 분무기, 물, 검은 천, 솜이나 키친타월

1 분무기에 물을 담아 준비하고 솜이나 키친타월로 깔개를 준비해 주세요.
2 씨앗을 듬성듬성 뿌려 주세요.
3 깔개 바닥까지 젖게 물을 뿌려 주세요.
4 싹이 나오기 전까지 2~3일 동안 검은 천으로 덮어 주세요.
5 싹이 나면 밝은 곳으로 옮겨 3~4일간 더 두세요.
6 다 자라면 수확하세요.
TIP 씨앗마다 수확일이 다르니 씨앗을 사면 키우는 법을 확인하고 수확하세요. 무순은 4~5일, 렌틸·알팔파·브로콜리·양배추 등은 5~6일, 클로버는 6~7일, 보리와 아마씨는 7~8일, 메밀은 9~10일쯤이 수확 시기예요.

담백한 달걀 곁에 새우가 잠들었어요

달걀새우찜

48개월 이상

생달걀은 액체 같지만 달걀에 열을 가하면 고체처럼 일정한 형태를 유지하죠. 왜 그럴까요?
달걀이 단백질이라서 열을 가하면 응고되는 거예요. 하지만 아이에게 이렇게 설명하기는 힘들겠죠?
그럼 직접 달걀을 이용해 요리를 하면서 눈으로 보여주세요. 달걀새우찜을 만들어 달걀이 어떻게 변하는지 알아보아요.

이런 점이 좋아요 과학
★ 달걀이 열에 의해 응고되는 것을 알 수 있어요.
★ 달걀을 관찰해 볼 수 있어요.

 이런 것이 필요해요

달걀 2개, 물 1/2컵, 칵테일 새우 6마리, 소금 조금, 후춧가루 조금, 깨소금 조금
도구 전자레인지, 도마, 칼, 전자레인지용 볼, 체, 랩, 볼

달걀을 깼을 때 어떤지 관찰하세요.

체에 달걀의 알끈이 보일 거예요. 아이에게 알끈을 보여주고 알끈은 노른자를 중간에 고정시키는 역할을 한다고 알려 주세요.

1 달걀을 볼에 깨 주세요.

2 달걀과 물을 섞어 주세요.

3 달걀 물에 소금과 후춧가루를 섞고 체에 한번 내려 주세요.

4 ③을 전자레인지용 볼에 부어 주세요.

5 새우는 먹기 좋게 자른 후 ④에 담아 주세요.

달걀이 뜨거워져 굳어졌다는 것을 알려 주세요.

6 달걀을 담은 볼에 랩을 덮고 전자레인지에서 5~7분 정도 익힌 후 깨소금을 뿌려 주세요.

요리하며 놀아요

Hint 1번 과정 응용놀이

달걀 껍데기에 그림 그리기

재료 달걀 껍데기, 사인펜

1 달걀 껍데기에 글자를 적어 보세요.
2 달걀 껍데기에 다양한 얼굴표정이나 그림을 그려 보세요.
3 달걀 껍데기를 말려 주면 완성이에요.
TIP 가족의 얼굴을 그려 보는 것도 좋아요.

오이 뱃속에 가득한 건 뭘까요?
오이소박이

만 5세 이상

아이가 유치원에서 배추김치를 만들어 올 때가 있어요. 과연 아이들이 유치원에서 배추김치를 만들면서 어떤 것을 배웠을지 궁금할 거예요. 하지만 배추김치를 집에서 담그기는 조금 힘드시죠? 이럴 때 아삭아삭 오이소박이를 만들어 보세요. 배추김치보다 훨씬 쉽고 아이가 먹기에도 딱이랍니다.

이런 점이 좋아요 — 과학
★ 삼투 현상에 대해 알 수 있어요.
★ 눈과 손의 협응력을 발달시킬 수 있어요.

 **이런 것이 필요해요**

오이 1개, 굵은 소금 1큰술, 당근 1/5개, 배 1/8개
찹쌀풀 물 찹쌀풀(물 6큰술+찹쌀가루 1작은술), 설탕 2큰술, 식초 1큰술
도구 도마, 칼, 볼, 야채 탈수기
TIP 찹쌀풀은 살짝 끓여 주세요.

1 오이는 소금으로 문질러 깨끗하게 씻은 후 10등분 해 주세요.

2 자른 오이에 십자로 칼집을 넣어 주세요.

물이 없다는 것을 보여주고 1시간 후에 물이 생기면 왜 생겼는지 이야기를 나누세요.

3 오이에 소금을 뿌려 1시간 정도 절여 주세요.

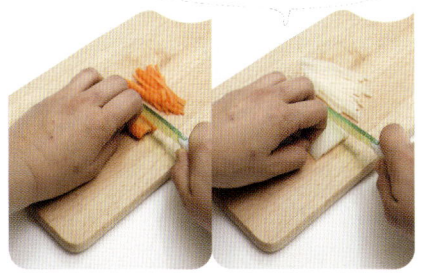

아이가 채 썰기 힘드니 엄마가 채 썰어 주세요.

4 당근과 배는 채 썰고 찹쌀풀에 설탕과 식초를 섞어 주세요.

삼투 현상이란? 수분이 낮은 농도에서 높은 농도로 이동하는 것을 말해요.

5 절인 오이를 살짝 씻은 후 야채 탈수기를 이용해 물기를 빼 주세요.

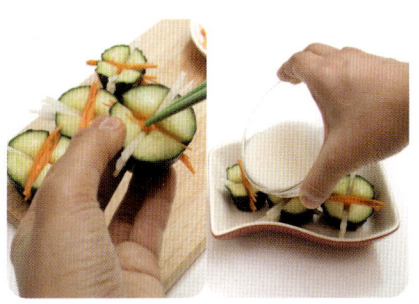

6 십자로 만든 부분을 벌려 당근과 배를 넣은 후 찹쌀풀 물을 넣고 하루 정도 삭혀서 먹어요.

요리하며 놀아요

Hint 완성 후 응용놀이

오이소박이 동물

재료 오이소박이, 요리 후 남은 재료

1 오이소박이와 남은 재료를 원하는 모양으로 잘라 주세요.
2 오이소박이를 얼굴로 하고 자른 야채는 장식을 하세요.
3 오이소박이 얼굴을 가진 어떤 동물이 만들어질까요?
TIP 어떤 동물을 만들지 아이와 이야기한 후 만드세요.

한 입에 쏘옥~ 딱 맞는
크래미 초밥

만 5세 이상

식초를 생각하면 입에 벌써 침이죠? 이렇게 신맛이 나는 것을 산성이라고 하는데 아이에게 산성을 어떻게 설명할까요? 고민하다가 떠올린 것이 초밥이었어요. 초밥을 만들면서 아이와 산성의 종류에 대해 알아보고 간단한 과학 실험도 해보세요. 과연 산성은 어떤 마술을 보여줄까요?

이런 점이 좋아요
과학
★ 산성에 대해 알 수 있어요.
★ 다양한 맛을 구별할 수 있어요.

이런 것이 필요해요

밥 1공기, 크래미 6개, 김 1장, 적양배추 잎 1장, 마요네즈 1큰술
초밥 양념 식초 2큰술, 레몬즙 1/2큰술, 설탕 2큰술, 소금 조금
도구 도마, 칼, 볼, 숟가락, 냄비, 가위, 초밥용 틀
TIP 초밥용 틀은 인터넷이나 대형할인마트 주방 코너에서 1,500~2,500원에 구입할 수 있어요.

150

적양배추 삶은 물을 버리지 마세요.
과학 실험 때 지시약으로 사용하세요.

1 냄비에 초밥 양념을 넣고 설탕이 녹을 때까지만 살짝 끓여 주세요.

2 적양배추는 얇게 채 썬 후 데쳐 물기를 빼 주세요.

3 김도 얇게 잘라 주세요.

밥을 섞을 때 떡처럼 되지 않게 조심스럽게 섞어 주세요.

아이가 감기 힘들어 하면 엄마가 도와주세요.

4 밥에 끓인 초밥 양념을 넣고 섞은 후 초밥용 틀에 담아 모양을 잡아 주세요.

5 크래미는 반으로 잘라 주세요.

6 밥 위에 마요네즈와 자른 크래미를 살짝 올리고 김이나 적양배추로 감아 주세요.

요리하며 놀아요

Hint 2번 과정 응용놀이

적양배추의 비밀

재료 적양배추 삶은 물, 식초, 레몬, 달걀흰자, 우유, 세제, 볼

1 여러 개의 볼에 적양배추 삶은 물을 나눠서 담아 주세요.
2 식초와 레몬의 맛을 본 후 각각 적양배추 물에 넣어 섞어 주세요.
3 색깔이 어떻게 변했는지 알아보세요.
TIP 빨간빛이 돌면 산성이라는 증거랍니다.
4 쿠키를 만들다 남은 달걀흰자를 넣어 보세요.
TIP 파란빛이 돌면 염기성이라는 증거랍니다.
5 적양배추 물에 우유와 세제를 넣어 반응을 알아보세요.

소시지가 옷을 입었어요
소시지고구마샐러드볼

만 5세 이상

"엄마~ 우리가 살고 있는 지구는 어떻게 생겼어요?"라고 아이가 갑자기 물어 볼 때 그냥 "동그랗게 생겼단다"라고 말해 주면 심심하겠죠? 아이와 소시지고구마샐러드볼을 만들어 지구 내부가 어떻게 생겼는지 보여주세요.
지각, 맨틀, 내핵, 외핵이라는 용어가 어렵겠지만 지구 안에도 다양한 이름을 가진 것이 있다는 것을 알려 주세요.

이런 점이 좋아요
과학
★ 지구에 대해 알 수 있어요.
★ 지구 내부 구조에 대해 알 수 있어요.

이런 것이 필요해요
삶은 고구마 1개, 슬라이스 치즈 1장, 비엔나소시지 1개, 카스텔라 1/2개
고구마 양념 우유 5큰술, 올리고당 1큰술
도구 전자레인지, 볼, 으깨기, 숟가락, 강판

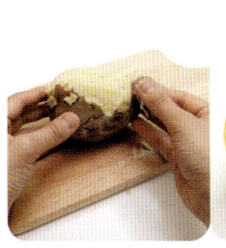

1 삶은 고구마를 식힌 후 껍질을 벗기고 으깨 주세요.

2 으깬 고구마에 우유와 올리고당을 넣고 섞어 주세요.

강판에 갈 때 아이가 손을 다치지 않도록 주의하세요.

3 카스텔라를 강판에 갈아 가루를 만들어 주세요.

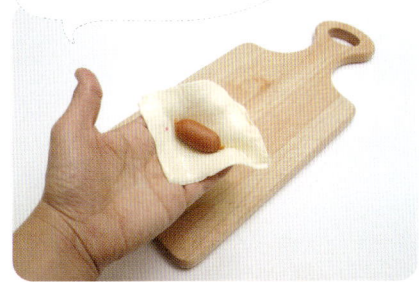

소시지는 내핵, 슬라이스 치즈는 외핵이랍니다.

4 비엔나소시지를 슬라이스 치즈로 감싸 주세요.

고구마는 맨틀이에요.

5 슬라이스 치즈 겉을 으깬 고구마로 감싸고 전자레인지에 10초간 돌려 주세요.

카스텔라 가루는 지각이에요.

6 고구마 겉에 카스텔라 가루를 묻혀 주세요.

요리하며 놀아요

Hint 완성 후 응용놀이

지구 내부 알아보기

재료 소시지고구마샐러드볼, 칼, 남은 카스텔라 가루

1 완성된 소시지고구마샐러드볼에 남은 카스텔라 가루를 이용해서 아이가 알고 있는 산이나 나라를 만들어 보세요.
2 소시지고구마샐러드볼을 반으로 나눠 속이 어떻게 생겼는지 이야기를 나누세요.
3 지구 내부 구조 그림과 자른 소시지고구마샐러드볼의 내부를 비교해 보세요.

부릉 부릉~ 내 맘대로
쿨파스타 자동차

42개월 이상

자동차에 시동을 걸어 볼까요? 부릉 부릉 부릉~~ 아빠, 엄마가 운전하는 자동차!
아이 머릿속에는 자동차가 어떤 모습으로 그려져 있을까요?
아이가 생각하는 자동차는 미래형 자동차일 수도 있으니 마음껏 만들 수 있도록 해 주세요.

이런 점이 좋아요
창의력
★ 자동차의 특징을 알 수 있어요.
★ 나만의 자동차를 만들 수 있어요.

 이런 것이 필요해요

호밀빵, 파스타 1/2컵, 소시지 1개, 옥수수알 2큰술, 토마토소스 4큰술, 소금 조금, 올리브유 조금
장식용 방울토마토, 오렌지, 소시지
도구 도마, 칼, 볼, 숟가락, 냄비, 프라이팬, 체, 이쑤시개, 뒤집개

물기를 뺄 때 뜨거우니 엄마가 해 주세요.

1 냄비에 물을 붓고 끓으면 소금과 파스타를 넣어 10~15분 동안 삶아 주세요.

2 삶은 파스타는 체에 붓고 물기를 뺀 후 올리브유로 버무려 주세요.

3 소시지는 먹기 좋게 자른 후 볶아 주세요.

호밀빵 속을 팔 때 빵이 어떤 느낌인지 알아보고 파낸 빵을 먹어 보세요.

오렌지를 이용해 자동차 바퀴를 만들고 소시지로 자동차 라이트를 만들어 보세요.

4 호밀빵은 속을 파 주세요.

5 볼에 삶은 파스타, 소시지, 옥수수알, 토마토소스를 넣고 섞어 주세요.

6 파낸 식빵에 ⑤를 담고 방울토마토, 오렌지, 소시지로 자동차를 꾸며 주세요.

요리하며 놀아요

Hint 요리 전 응용놀이

같은 파스타 찾기

재료 캐릭터 파스타, 알파벳 파스타, 알록달록 파스타, 접시

1 다양한 파스타를 한 접시에 담아 주세요.
2 같은 색깔의 파스타를 찾아보세요.
3 같은 모양의 파스타를 찾아보세요.
 이렇게 같은 색, 같은 모양으로 분류해 보세요.

우와~ 접시에 나비가 앉았어요
나비케사디야

`42개월 이상`

맛있는 피자 향기를 뿌리면서 접시에 나비가 앉았어요. 과연 접시에 앉은 나비를 어떻게 만들었을까요?
동그라미 케사디야를 이용해 훨훨 나는 나비를 만들어 보세요.
케사디야는 맛과 모양은 물론 영양까지 풍부한 멕시코 요리예요.

이런 점이 좋아요

창의력

★ 창의력 있게 나비를 만들 수 있어요.
★ 눈과 손의 협응력을 발달시킬 수 있어요.

 이런 것이 필요해요

토르티야 2장(8인치), 토마토소스 3큰술, 주황색 파프리카 1/8개, 홍피망 1/8개, 양파 1/10개, 옥수수알 2큰술, 소고기 100g, 피자치즈 1/2컵
장식용 소시지 1개, 토마토소스 조금
도구 오븐, 도마, 칼, 볼, 숟가락

'동글동글' 동그랗게 발라 주세요.

1 주황색 파프리카, 홍피망, 양파를 옥수수 알 크기만큼 작게 잘라 주세요.

2 볼에 자른 야채, 옥수수알, 소고기를 넣고 섞어 주세요.

3 토르티야에 토마토소스를 발라 주세요.

반으로 접은 토르티야 2개를 합치면 다시 동그라미가 된다는 것을 알려 주세요.

아이가 나비에 관심이 많다면 다양한 모양의 나비를 만들어 보세요.

4 토마토소스를 바른 토르티야 위에 ②를 올려 주세요.

5 피자치즈를 뿌린 후 반으로 접어 200℃ 오븐에서 10분간 구워 주세요.

6 식으면 반으로 자른 후 나비의 날개를 만들고 소시지로 몸통을, 토마토소스로 더듬이를 그려 주세요.

Hint 주재료 응용놀이

토르티야 퍼즐

재료 토르티야, 가위

1 토르티야를 10~15조각으로 잘라 주세요.
2 조각을 하나씩 맞추세요.
3 모든 조각을 맞춰 동그라미 토르티야를 완성하세요.
TIP 퍼즐로 만든 토르티야는 버리지 말고 오븐에 구워 토마토소스나 살사소스에 찍어 먹으면 맛있답니다.

한입에 쏙 들어가는
돌돌말이 샌드위치

48개월 이상

김밥처럼 돌돌 말아 만든 샌드위치. 아이 입속에 쏙쏙 들어가서 좋아요. 돌돌 만 샌드위치로 아이가 좋아하는 자동차, 꽃, 하트 모양 등 다양한 모양을 만들어 보세요. 시간 가는 줄 모르고 만들게 될 거예요. 비싼 장난감보다 열심히 만들어 먹을 수 있는 장난감을 만들어 볼까요?

이런 점이 좋아요
창의력

★ 동그라미를 이용해 다양한 모양을 만들 수 있어요.
★ 샌드위치를 돌돌 말며 소근육을 발달시킬 수 있어요.

 이런 것이 필요해요

식빵 4장, 소시지 4개, 치즈 1장, 딸기잼, 블루베리잼
도구 전자레인지, 도마, 칼, 숟가락, 볼, 밀대, 랩

1 식빵은 테두리를 잘라 주세요.

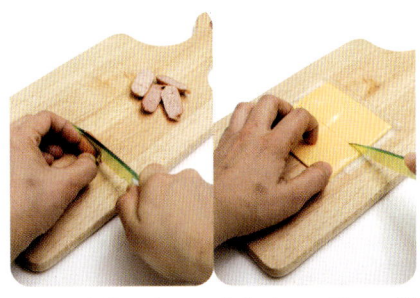

2 소시지는 반으로 길게 자르고 치즈도 반으로 잘라 주세요.

식빵이 촉촉하지 않으면 키친타월에 물을 묻혀 10분 정도 덮어 두세요.

3 밀대를 이용해 식빵을 납작하게 하세요.

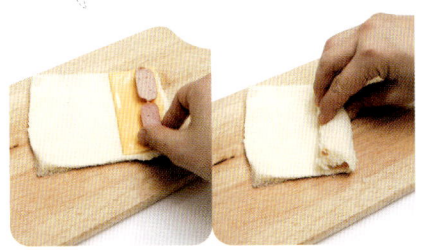

랩에 돌돌 말 때 "돌돌돌~~ 말아 줄까요"라고 말하며 신나게 말아 주세요.

4 납작한 식빵에 치즈와 소시지를 넣고 돌돌 말아 랩에 싼 뒤 전자레인지에 10초간 데워 주세요.

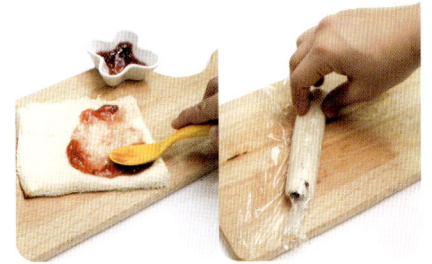

5 납작한 식빵에 잼을 바르고 돌돌 말아 랩에 싸 주세요.

식빵을 자를 때 톱질하듯 잘라야 예쁘게 잘려요.

6 랩을 벗겨 3~4등분으로 나눈 후 다양한 모양으로 만들어 주세요.

요리하며 놀아요

Hint 1번 과정 응용놀이

식빵스틱 놀이

재료 자른 식빵 테두리, 사칙연산 기호와 부등호가 적힌 낱말카드

1 자르고 남은 식빵 테두리를 180℃ 오븐에서 10분간 구워 주세요.
2 구운 식빵 테두리를 이용해 다양한 모양을 만들어 보세요.
TIP 놀이를 하고 나서 바삭바삭한 식빵 테두리를 과자 대용으로 먹으면 그만이에요.

꿀꿀~ 뭐든 잘 먹는
꿀꿀이 오므라이스

48개월 이상

밥을 잘 안 먹는 아이들과 함께 만들어 먹으면 좋은 꿀꿀이 오므라이스. 꿀꿀이가 어떻게 생겼는지 알아보고 꿀꿀이 흉내도 내면서 창의력 있게 꾸며 보세요. 으악!! 귀여운 꿀꿀이가 괴물 돼지가 되었네요? 무서운 꿀꿀이가 되기도 하고 못생긴 꿀꿀이가 되기도 하니 아이가 재미있어 해요.

이런 점이 좋아요 창의력
★ 돼지를 흉내 낼 수 있어요.
★ 돼지 얼굴을 다양하게 표현할 수 있어요.

 이런 것이 필요해요

밥 1/2공기, 다진 당근 1큰술, 다진 양파 1큰술, 다진 청피망 1큰술, 다진 홍피망 1큰술, 다진 소고기 50g, 달걀 1개, 소금 조금, 후춧가루 조금, 올리브유 조금
장식용 재료 슬라이스 치즈 1장, 소시지 1개, 케첩
도구 도마, 칼, 볼, 숟가락, 프라이팬, 뒤집개

달걀지단을 만들 때 달걀이 어떻게 변하는지 관찰하세요.

1 볼에 달걀을 깨고 숟가락으로 섞어 주세요.

2 프라이팬에 올리브유를 두르고 달걀을 부어 달걀지단을 완성하세요.

3 프라이팬에 올리브유를 두르고 다진 야채와 다진 소고기를 넣고 볶아 주세요.

밥을 꼭꼭 눌러 주지 않으면 흐트러진답니다.

케첩은 소스 통이나 일회용 짜주머니에 담아 사용하세요.

4 밥을 넣고 볶은 후에 소금, 후춧가루로 간을 해서 볶음밥을 완성하세요.

5 볼에 밥을 꼭꼭 담아 동그랗게 만든 후 볼을 엎어 완성 접시에 담아 주세요.

6 밥 위에 달걀지단을 덮고 슬라이스 치즈, 소시지, 케첩으로 꿀꿀이 얼굴을 완성하세요.

요리하며 놀아요

Hint 완성 후 응용놀이

치즈 곰돌이

재료 요리 후 남은 재료, 치즈, 소시지, 케첩

1 치즈를 원하는 동물 모양 형태로 잘라 주세요.
2 소시지를 이용해 장식하세요.
4 케첩을 이용해 눈, 코, 입을 그려 주세요.
TIP 남은 재료로 곰돌이 친구들을 만들어 보세요.

약속 꼭꼭! 엄마, 아빠와 함께 지키는
약속컵 케이크

만 4세 이상

아이에게 나쁜 버릇이 한두 가지는 있을 거예요. 이것을 고치고 싶을 때 약속 컵케이크를 만들어 보세요.
아이 혼자 지켜야 할 약속을 정하는 것이 아니라 엄마, 아빠도 함께 지키는 약속을 정하는 거예요.
엄마, 아빠가 약속을 잘 지킨다면 아이의 나쁜 버릇도 쉽게 고칠 수 있겠죠?

이런 점이 좋아요
창의력
★ 케이크를 예쁘게 꾸밀 수 있어요.
★ 다양한 재료를 만지며 촉각을 발달시킬 수 있어요.

 이런 것이 필요해요

달걀흰자 3개, 달걀노른자 4개, 설탕 30g, 밀가루 30g, 포도씨유 10g, 백년초가루 1큰술, 레몬즙 조금
장식용 색깔 초콜릿
도구 오븐, 볼, 체, 거품기, 알뜰주걱, 오븐용 컵

거품을 올리는 볼에 물기가 있으면 거품이 단단하게 안 돼요.

1 흰자와 레몬즙을 넣고 거품을 올리다 설탕을 반 정도 나눠 가며 넣고 거품을 올려 주세요.

2 나머지 설탕과 노른자를 섞어 거품을 올려 주세요.

가루가 어느 정도 섞이면 되므로 거품이 꺼지지 않도록 하세요.

3 밀가루와 백년초가루를 섞은 후 체에 친 뒤 ②를 넣고 섞어 주세요.

4 ③에 포도씨유를 넣고 섞은 후 ①을 섞어 반죽을 만들어 주세요.

5 컵에 반죽을 담은 후 180℃ 오븐에서 15~20분 구워 주세요.

뜨거운 컵케이크 위에 초콜릿을 얹었더니 초콜릿이 녹아요. 왜 그럴까요?

6 색깔 초콜릿으로 장식을 하고 약속이 적힌 깃발을 꽂아 주세요.

요리하며 놀아요

Hint 1번 과정 응용놀이

달걀흰자 거품 놀이

재료 거품 낸 달걀흰자, 거품기

1 달걀흰자를 볼에 넣고 섞어 보고 느낌이 어떤지 물어보세요.
2 달걀흰자를 단단한 거품으로 만든 다음 뒤집어 보세요.
 "하얀 구름 같아요. 아이스크림 같아요. 생크림 같아요." 등 아이가 많은 것을 상상할 수 있도록 이야기를 해보세요.
3 단단한 흰 거품을 조금 떠서 느낌을 표현해 보세요.
4 손으로 비벼 거품을 없애 보세요.

한자리에 모인 우리 가족! 얼굴 쿠키

만 5세 이상

과연 우리 가족은 어떻게 생겼을까요? 아이와 함께 우리 가족 얼굴을 관찰해 보세요.
의외로 가족들 얼굴을 유심히 보는 일은 별로 없더라고요.
가족 얼굴쿠키를 만들 때만큼은 얼굴을 뚫어져라 쳐다보고 가족들과 사랑을 키워 보세요.

이런 점이 좋아요

창의력
★ 가족의 얼굴을 창의력 있게 꾸며 볼 수 있어요.
★ 가족과 사랑을 키울 수 있어요.

 이런 것이 필요해요

밀가루 2컵, 설탕 2/3컵, 버터 2/3컵, 달걀 1개
색깔 가루 코코아가루 1큰술, 백년초가루 1큰술, 단호박가루 1큰술
도구 오븐, 도마, 볼, 칼, 거품기, 체

1 버터와 설탕, 달걀을 볼에 넣고 거품기로 섞어 주세요.

2 밀가루를 체에 친 후 ①을 섞어 쿠키 반죽을 완성하세요.

3 쿠키 반죽을 조금씩 떼어 각 색깔 가루를 넣어 색깔 반죽을 만들어 주세요.

1, 2, 3, 4, 5… 초를 세면서 눌러 주세요.

4 쿠키 반죽을 얼굴 모양으로 동글납작하게 만들어 주세요.

눈, 코, 입, 눈썹, 귀, 점 등 얼굴의 특징을 살려 꾸며 주세요.

5 얼굴의 특징을 색깔 반죽으로 꾸며 주세요.

멋쟁이 아빠, 착한 엄마, 귀여운 나. 우리 가족이에요.

6 180℃ 오븐에서 15~20분 정도 구워 주세요.

요리하며 놀아요
Hint 완성 후 응용놀이

하나로 뭉친 쿠키 반죽

재료 남은 반죽

1 반죽들을 서로 각각 섞어 보세요.
TIP 색깔을 섞으면 다른 색깔로 변하는 것을 알게 하세요.
2 반죽을 다시 섞어 주면 약간 검은 색이 되면서 마블 형태의 모양이 됩니다.
3 마블 형태의 반죽을 원하는 모양으로 만들어 구워 주세요.
4 어떤 맛의 쿠키가 될까요? 이렇게 남은 반죽을 이용해 색의 혼합에 대해 알아보세요.

Part 5
Cooking Play

주는 기쁨이 더 큰
선물 요리

우리 아이가 만든 요리를

친구들과 선생님, 주변 어른들께 선물해 볼까요?

다른 사람을 위해 요리하다 보면

더 큰 기쁨을 알게 되지요.

이젠, 선물 요리에 도전해 보세요.

곶감에 돌돌 말린 못생긴 호두
호두곶감말이

36개월 이상

추석 때 할아버지, 할머니를 만나뵈러 가면서 드릴 의미 있는 선물이 없을까요?
간단히 만들었지만 사랑의 마음이 가득 담긴 선물, 호두곶감말이.
몸에 좋은 호두와 곶감으로 사랑하는 마음을 전해 보세요.

이런 점이 좋아요
언어
★ 다양한 언어 표현력을 기를 수 있어요.
★ 할아버지, 할머니께 사랑의 마음을 전할 수 있어요.

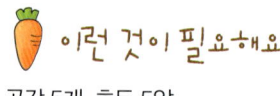 이런 것이 필요해요

곶감 5개, 호두 5알
도구 도마, 칼, 밀대, 쿠킹호일

1 곶감을 반으로 잘라 주세요.

2 씨를 쏙쏙 제거해 주세요.

> 곶감에 호일을 덮어 밀대로 밀어 주면 밀대에 묻지 않고 깨끗하게 밀 수 있어요.

3 밀대로 평평하게 밀어 주세요.

> 호두 자르는 소리를 들어 보세요.

4 호두는 4~5조각으로 톡톡 잘라 나눠 주세요.

5 평평하게 만든 곶감에 자른 호두를 올려 주세요.

> 선물로 드릴 때는 적당한 크기로 잘라서 드리면 더 좋아요.

6 곶감을 돌돌 말아 주세요.

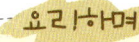
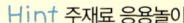 주재료 응용놀이

호두알까기

재료 호두알, 사인펜

1 자기만의 호두를 골라 5알씩 나눠 가지세요.
2 일정한 판을 정해 호두를 가지런히 일렬로 두세요.
TIP 자기 호두알을 알아 보기 쉽게 사인펜으로 표시해 두세요.
3 자기 편 호두로 다른 편 호두를 판 밖으로 나가게 하세요.
4 5알의 호두를 판 밖으로 밀어 내면 이기는 거예요.

우리나라 전통 과자 고소한 강정
땅콩 강정

36개월 이상

다양한 강정 중에서 땅콩을 넣어 만든 강정은 고소해서 아이들 입맛에 딱이에요. 다양한 크기의 땅콩강정을 만들어 큰 강정과 작은 강정으로 나누는 놀이를 해보세요. 자연스럽게 나누기 개념을 알 수 있어요. 만들기도 쉬워서 한 시간만 투자하면 근사한 선물이 만들어 져요.

이런 점이 좋아요 — 수학
- ★ 나누기 개념을 알 수 있어요.
- ★ 친척들에게 사랑의 마음을 전할 수 있어요.

 이런 것이 필요해요

땅콩 200g, 쌀 튀밥 100g, 쌀 물엿 100g, 설탕 100g, 식용유 조금
도구 큰 냄비, 도마, 칼, 알뜰주걱, 사각 쟁반, 쿠킹호일, 요리용 솔

물엿과 설탕을 끓일 때는 주걱이나 숟가락으로 섞지 마세요. 굳어 버릴 수 있어요.

1 냄비에 식용유를 발라 주세요.

2 쌀 물엿과 설탕을 넣고 끓여 주세요.

3 땅콩과 쌀 튀밥을 냄비에 넣고 고르게 잘 섞어 주세요.

꾹꾹 누를 때 아이와 함께 신나게 숫자를 세 보며 눌러 주세요.

너무 굳으면 자르기 힘드니 덜 굳었을 때 잘라 주세요.

4 사각쟁반에 쿠킹호일을 깔고 식용유를 바른 후 ③을 부어 주세요.

5 ④를 쿠킹호일로 감싸고 손으로 꾹꾹 눌러 주세요.

6 20분 정도 식힌 후 다양한 크기로 잘라 주세요.

Hint 완성 후 응용놀이

강정 나누기

재료 만든 강정, 접시 3개

1 만든 강정이 몇 개인지 세 보세요.
2 3개의 접시에 강정을 하나하나 나눠 보세요.
3 접시에 몇 개의 강정이 있는지 세 보세요.
TIP 강정이 똑같이 나눠지지 않았다면 어떤 접시에 강정을 많이 담았는지 찾아보세요.

상큼한 오렌지가 병 속으로
오렌지잼

36개월 이상

상큼한 오렌지를 생각만 해도 기분이 좋아지죠? 오렌지를 이용해 글자 공부도 해보고 이웃들에게 사랑의 선물을 전해 주세요. 상큼한 맛의 오렌지잼을 빨리 만들어 식빵에 발라 먹고 싶어지죠? 오렌지 말고도 잼이 될 수 있는 과일은 어떤 것이 있는지 찾아보고 응용해 보세요.

이런 점이 좋아요 _언어_
- ★ '오렌지'라는 글자를 알 수 있어요.
- ★ 오렌지의 특징을 알 수 있어요.

이런 것이 필요해요

오렌지 5개, 설탕 2컵
도구 도마, 칼, 냄비, 나무주걱, 살균한 유리병, 즙짜기, 숟가락

172

오렌지의 특징을 관찰하세요.

1 오렌지는 깨끗하게 씻어 주세요.

2 2개는 껍질을 벗기고 3개는 반으로 잘라 과즙을 짜 주세요.

3 오렌지 과육과 과즙, 설탕을 냄비에 담고 끓여 주세요.

끓을 때 방울이 튈 수 있으니 엄마가 저어 주세요.

물에 오렌지잼을 조금 넣었을 때 방울이 생기면 다 된 거예요.

4 오렌지 과육과 설탕이 끓으면 나무주걱으로 저어 주세요.

5 30~40분 정도 약한 불에서 뭉글하게 끓여 주세요.

6 뜨거울 때 살균한 유리병에 담아 주세요.

요리하며 놀아요

Hint 요리 전 응용놀이

오렌지 이름표

재료 오렌지, 글자 스티커

1 오렌지를 만져 보고 냄새를 맡아 보며 느낌을 표현하세요.
2 글자 스티커를 이용해 '오렌지' 글자를 붙여 주세요.
3 주위에서 '오' '렌' '지' 의 각 글자를 찾아보세요.
TIP 글자 스티커는 대형할인마트 문구코너에서 구입이 가능하며 1팩에 800원 정도 해요.

173

까칠까칠 키위가 옷을 벗고 부드러워졌어요
키위 아이스크림

> 36개월 이상

아이들에게 아이스크림 없는 여름은 싫겠죠? 그렇다고 몸에 안 좋은 아이스크림을 먹일 순 없고.
그럴 때 홈메이드 아이스크림을 만들어 주세요. 시간은 오래 걸리지만 아이 건강을 생각한다면 시간을 투자하게 되지요.
아마 키위 아이스크림을 만들면 아이 못지않게 엄마가 더 좋아할 거예요.

이런 점이 좋아요 과학
- ★액체와 고체의 변화 과정을 알 수 있어요.
- ★천연 아이스크림을 만들어 볼 수 있어요.

이런 것이 필요해요

키위 1+1/2개, 올리고당 3큰술, 생크림 1컵, 우유 1컵
장식용 키위 1/2개
도구 도마, 칼, 볼, 포크, 숟가락

1 키위의 껍질을 벗긴 후 먹기 좋게 썰어 주세요.

2 올리고당, 생크림, 우유를 섞어 주세요.

3 자른 키위와 ②를 섞어 주세요.

얼릴 때 밀봉을 잘해 냉동고 냄새가 섞이지 않도록 하세요.

4 ③을 볼에 담은 후 냉동고에서 3시간 정도 얼려 주세요.

바닥까지 섞어 주세요.

5 포크를 이용해 뒤섞어 준 후 3시간 후에 한 번 더 뒤섞어 주세요.

6 선물할 그릇에 장식용 키위를 담고 아이스크림을 담아 주세요.

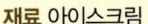

Hint 완성 후 응용놀이

아이스크림의 변신

재료 아이스크림

1 꽁꽁 얼린 아이스크림을 아이 손에 얹어 주세요.
2 아이스크림이 녹는 것을 관찰하게 하세요.
　엄마 – 아이스크림 대포 발사~~(아이 손에 얹어 주며)
　아이 – 아이 차가워~~. 아이스크림 대포 녹아요.
　엄마 – 아이스크림 대포가 손에 가니 녹아 버리네.
　아이 – 물이 떨어져요.
　엄마 – 왜 그럴까?
　아이 – 내 손이 따뜻해서요.
　이렇게 아이가 직접 아이스크림의 변화 과정을 느낄 수 있게 하고 스스로 이유를 찾을 수 있도록 하세요.

알록달록 야채들 모임
야채피클

36개월 이상

김치, 젓갈, 육포, 곶감, 자반, 장아찌처럼 오래 두고 먹을 수 있는 음식을 저장음식이라고 해요. 알록달록 다양한 야채들을 이용해 새콤달콤한 야채피클을 만들어 보는 거예요. 작은 병에 야채피클을 담아 친척이나 이웃에게 선물해도 되겠죠? 아이가 직접 야채피클을 만들면서 싫어하는 야채와 친해질 수 있답니다.

이런 점이 좋아요 — 언어+창의력
★ 저장음식에 대해 알 수 있어요.
★ 다양한 야채에 대해 알 수 있어요.

 이런 것이 필요해요

피클용 오이 2개, 양파 1/4개, 미니 파프리카 2개, 브로콜리 1/8개
피클 물 식초 1/2컵, 물 1/2컵, 설탕 1/2컵, 소금 1큰술, 통후추 10알, 월계수 잎 2장
도구 도마, 칼, 냄비, 밀폐 유리병

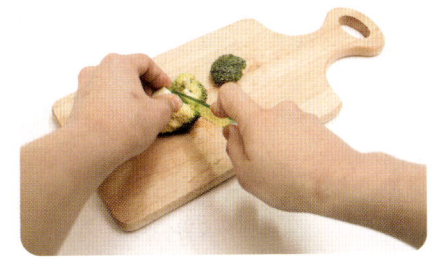

피클 물을 만들 때 설탕과 소금이 녹을 정도만 끓여 주세요.

1 양파, 오이, 미니 파프리카를 잘라 주세요.

2 브로콜리는 먹기 좋게 잘라 주세요.

3 냄비에 피클 물 재료를 넣고 끓여 주세요.

'오이' '파프리카' '양파'의 이름을 말하며 넣어 보세요.

병에 선물하고 싶은 사람의 이름을 적어 두세요!

4 밀폐 유리병에 자른 야채를 넣어 주세요.

5 끓인 피클 물에 통후추와 월계수 잎을 넣고 유리병에 부어 주세요.

6 유리병의 뚜껑을 닫은 후 1~2일 정도 후에 선물하세요.

요리하며 놀아요
Hint 주재료 응용놀이

야채 도장 찍기

재료 남은 야채 조각, 종이, 물감, 스탬프

1 스탬프나 물감을 준비하세요.
2 손질하고 남은 야채를 이용해 종이에 찍어 보세요. "오이를 찍으면 어떤 모양일까?" "브로콜리를 찍으면 어떤 모양일까?"라고 질문하며 찍어 보세요.

TIP 아이들 마음껏 찍을 수 있도록 큰 종이를 준비해서 찍어 보는 것도 좋아요.

인기짱이 되는 비결은
설탕물에빠진 과일

42개월 이상

날이 더워지면 입맛이 없어지죠? 이럴 때일수록 비타민을 많이 보충해야 되는데 다양한 과일을 이용해 만들어 보는 건 어떨까요? 설탕물에 빠진 과일을 달콤하게 만들어 방학이 끝나면 개학 때 선생님과 친구들에게 선물해 보세요. 그러면 인기짱이 되겠죠?

이런 점이 좋아요 — 언어
★ 다양한 과일 이름을 알 수 있어요.
★ 과일들의 촉감을 느낄 수 있어요.

 이런 것이 필요해요

파인애플 1/8통, 귤 2개, 포도 20알, 청포도 20알
설탕물 설탕 1컵, 물 1컵
도구 도마, 칼, 냄비, 밀폐 유리병

1 파인애플은 먹기 좋게 잘라 주세요.

2 귤은 알알이 떼어 주세요.

포도 껍질을 벗기기가 힘이 들어도 정성을 담아 선물하는 보람이 있으니 인내하고 벗겨 주세요.

3 포도는 껍질을 벗기고 씨를 제거해 주세요.

설탕이 녹을 정도로만 끓여 주세요.

4 냄비에 물과 설탕을 넣고 끓여 주세요.

과일 이름을 말하며 넣어 주세요.

5 준비한 유리병에 과일을 담아 주세요.

6 끓인 설탕물을 붓고 뚜껑을 꼭 닫아 4~5일 후에 선물하세요.

Hint 주재료 응용놀이

귤 껍질 글자

재료 귤 껍질, 종이, 사인펜
1 귤 껍질을 가늘고 길게 찢어 주세요.
2 엄마는 종이에 글자를 적고, 아이는 귤 껍질을 이용해 글자대로 껍질을 놓아 보세요.
3 다양한 글자를 엄마가 적어 주고 아이는 귤 껍질을 올려 글자를 완성해 보세요.
TIP 다른 과일의 껍질을 이용해도 좋아요.

내 마음을 받아줘~ 달콤 쌉싸름한
하트 초콜릿

48개월 이상

밸런타인데이는 사랑하는 사람들에게 초콜릿을 주는 날이죠? 일등 요리사인 우리 아이도 이럴 때 솜씨를 뽐내야 되지 않을까요? 사랑의 마음을 담아 하트 모양의 초콜릿을 만들어 보아요. 사랑의 마음을 받을 사람은 과연 누구일까요?

이런 점이 좋아요
과학
★ 온도의 차이에 따라 변화하는 초콜릿의 특징을 알 수 있어요.
★ 집중력을 키울 수 있어요.

 이런 것이 필요해요

하트 초콜릿구 20개, 다진 초콜릿 1컵, 생크림 2큰술
장식용 초코펜, 스프링클
도구 전자레인지, 전자레인지용 그릇, 알뜰주걱, 짜주머니, 고무밴드

물이 들어가면 초콜릿이 서로 분리되니 물이 들어가지 않도록 주의하세요.

초콜릿의 변화 과정을 알려 주세요. 고체의 초콜릿과 액체의 초콜릿을 비교해 보세요.

1 전자레인지용 그릇에 다진 초콜릿과 생크림을 넣고 섞어 주세요.

2 전자레인지에 30초씩 3번을 나눠 돌려 초콜릿을 녹여 주세요.

3 녹인 초콜릿을 짜주머니에 담은 후 고무밴드로 입구를 묶고 초콜릿을 식혀 주세요.

녹인 초콜릿이 따뜻하면 하트 초콜릿구가 녹을 수 있으니 짜주머니를 만졌을 때 약간 차가울 정도로 식혀 주세요.

4 하트 초콜릿구에 녹인 초콜릿을 짜 주세요.

5 초코펜을 하트 초콜릿에 짜 주세요.

6 스프링클로 장식해서 완성하세요.

요리하며 놀아요

Hint 완성 후 응용놀이

초콜릿 그림

재료 만들고 남은 초콜릿, 종이

1 종이에 초콜릿 덩어리를 크레파스처럼 사용해서 그림을 그려 보세요.
2 손에 묻은 초콜릿은 손으로 찍기 놀이를 해보세요.
3 다양한 방법으로 초콜릿을 이용해 그림을 그려 보세요.

시리얼이 똘똘 뭉쳤어요
시리얼 막대사탕

48개월 이상

화이트데이는 사랑하는 사람에게 사탕을 주는 날이에요. 초콜릿은 만들기 쉬웠는데 사탕은 어떻게 만들까요?
사탕은 아이들이 만들기 힘들지만 마시멜로우를 이용하면 쉽고 간단하게 사탕을 만들 수 있어요.
알록달록 색깔시리얼로 막대사탕처럼 만들어 보세요.

이런 점이 좋아요 — 과학
★ 마시멜로우의 변화 과정을 알 수 있어요.
★ 뭉치는 동작을 통해 소근육을 발달시킬 수 있어요.

 이런 것이 필요해요

알록달록 시리얼 2컵, 마시멜로우 20개(60g 정도), 식용유 2큰술
도구 냄비, 알뜰주걱, 막대, 종이호일, 숟가락

마시멜로우가 부풀어 오르면 섞어 주세요.

1 냄비에 식용유와 마시멜로우를 넣고 끓여 주세요.

2 ①에 시리얼을 넣고 섞어 주세요.

3 종이호일에 ②를 적당한 양으로 올려 주세요.

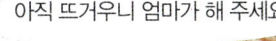

아직 뜨거우니 엄마가 해 주세요.

종이호일에서 잘 떨어지지 않으면 막대사탕에 물을 살짝 묻혀 보세요.

4 종이호일을 동그랗게 싸 주세요.

5 어느 정도 형태가 잡히면 막대를 꽂아 주세요.

6 종이호일로 감싸 20~30분 굳힌 후 종이호일을 벗겨 주세요.

요리하며 놀아요

Hint 1번 과정 응용놀이

신기한 마시멜로우

재료 마시멜로우 4~5개, 위생팩(비닐봉지), 막대

1 위생팩(비닐봉지)에 마시멜로우를 담아 주세요.
2 전자레인지에 10초간 돌려 주세요.
TIP 10초 이상 돌리면 마시멜로우가 탄답니다.
3 녹은 마시멜로우를 길게 늘려 보세요. 누가 더 길게 늘리나 놀이를 해도 좋겠죠? 마시멜로우를 늘리며 이야기를 만들어 보는 것도 재미있어요.
엄마 - 마시멜로우 실을 만들어 볼까요? 쭉쭉~ 늘려늘려~
아이 - 괴물 이빨 같아요.

마음을 전하기에 딱!
초코 머핀

48개월 이상

행사가 많거나 특별한 날이 많을 때 간단히 선물하기 좋은 머핀. 머핀 위에 선물 받을 사람의 얼굴까지 그려 선물한다면 감동하겠죠? 선물을 받고 기뻐할 사람들 생각에 아이 얼굴이 벌써부터 싱글벙글 웃음으로 가득해요.
기뻐할 사람들의 얼굴을 생각하며 사랑의 초코 머핀을 만들어 볼까요?

이런 점이 좋아요
창의력
★ 사람들의 얼굴을 다양하게 표현할 수 있어요.
★ 친구에게 사랑의 마음을 전할 수 있어요.

 이런 것이 필요해요

초코칩 120g, 버터 70g, 우유 1큰술, 밀가루 120g, 코코아가루 50g, 베이킹파우더 1/2작은술, 달걀 2개, 설탕 100g
장식용 초코펜
도구 전자레인지, 오븐, 볼, 체, 거품기, 알뜰주걱, 머핀 틀, 머핀 종이, 짜주머니, 고무밴드

우유는 미지근하게 한 후 섞어 주세요. 차가울 때 섞으면 분리될 수 있거든요.

1 볼에 초코칩 1/2과 버터를 넣고 전자레인지에 30초씩 2번 돌려 녹여 주세요.

2 녹인 초콜릿에 우유를 넣고 섞어 주세요.

3 볼에 달걀을 깨고 설탕을 섞은 후 ②를 조금씩 섞어 주세요.

짜주머니에 담고 누를 때 흘러나오지 않도록 윗부분을 고무밴드로 묶어 주세요.

할아버지, 할머니, 이모, 고모, 삼촌이에요.

4 밀가루와 베이킹파우더를 체에 내린 후 ③에 넣고 코코아가루, 초코칩을 넣어 섞어 주세요.

5 준비한 머핀 틀에 머핀 종이를 깐 뒤 반죽을 짜주머니에 담아 짜 주세요.

6 180℃의 오븐에서 20분가량 굽고 완전히 식힌 후 초코펜으로 선물 받을 사람의 얼굴을 그려 주세요.

요리하며 놀아요

Hint 4번 과정 응용놀이

밀가루 반죽하기

재료 남은 초코 반죽, 밀가루, 볼, 종이

1 반죽을 했던 볼에 밀가루를 살짝 뿌려 주세요.
2 아이와 함께 밀가루를 손으로 섞어 보세요.
3 반죽을 손으로 모아 주물러 보세요.
TIP 반죽이 손 안에서 빠져 나오는 모양을 보고 다양하게 표현해 보세요.
4 종이를 바닥에 깔고 손에 묻은 반죽을 마음껏 찍고 칠해 보세요.

울퉁불퉁, 달콤한 내 맘대로
빼빼로

48개월 이상

빼빼로데이는 가족이나 친구, 선생님께 감사의 마음과 사랑의 마음을 전하는 날이랍니다.
밸런타인데이와 화이트데이와 달리 모든 사람들에게 사랑의 빼빼로를 나눠 주세요.
세상에서 단 하나 밖에 없는 빼빼로를 만들어 볼까요?

이런 점이 좋아요
수학+창의력

★ 길이에 대해 알 수 있어요.
★ 창의력 있게 빼빼로를 꾸밀 수 있어요.

 이런 것이 필요해요

시판용 스틱과자 20개, 코팅초콜릿 200g
장식용 스프링클, 초코펜
도구 전자레인지, 종이컵, 숟가락, 종이호일, 짜주머니

길고 짧음을 비교해 보세요.

1 종이호일을 깔고 길이가 다른 스틱과자를 길이에 따라 줄을 세워 보세요.

2 종이컵에 코팅용 초콜릿을 담고 전자레인지에 30초씩 3번 나눠 돌려 주세요.

3 녹인 초콜릿을 숟가락으로 저어 주면서 식혀 주세요.

녹인 초콜릿이 많지 않을 때는 다른 과자에 초콜릿을 발라 주세요.

4 녹인 초콜릿에 스틱과자를 원하는 높이만큼 코팅해 주세요.

5 10초 동안 스틱과자를 들고 있다 여러 가지 스프링클을 뿌려 꾸며 주세요.

아이가 마음껏 초코펜을 뿌릴 수 있도록 하세요.

6 초코펜을 이용해 빼빼로를 장식해 주세요.

요리하며 놀아요
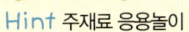 Hint 주재료 응용놀이

젓가락 놀이

재료 스틱과자, 부러진 스틱과자, 접시

1 스틱과자를 이용해 젓가락 연습을 해보세요.
2 부러진 과자를 집어서 옮겨 보세요.
3 일정한 개수를 정해 부러진 과자를 누가 많이 옮기나 놀이를 하세요.
TIP 당연히 엄마가 져 주셔야 되겠죠? 아직 젓가락 잡는 것이 힘든 아이에게 젓가락 놀이는 즐겁고 재미있는 놀이라는 것을 알려 주세요.

쿠키로 크리스마스 트리를 만들었어요
크리스마스 트리쿠키

48개월 이상

12월이 되면 집에 작은 트리를 만들어 장식하는 집이 많을 거예요. 종교를 떠나서 대부분의 사람들이 크리스마스를 즐긴답니다. 이럴 때 아이와 크리스마스 트리 모양 쿠키를 만들어 선물해 보세요. 트리 모양 쿠키를 만들어 선물하면 크리스마스 카드 못지않겠죠?

이런 점이 좋아요 — 창의력
★ 창의력 있게 꾸밀 수 있어요.
★ 선물을 하면서 성취감을 느낄 수 있어요.

 이런 것이 필요해요

밀가루 2컵, 설탕 2/3컵, 버터 2/3컵, 달걀 1개
장식용 초코펜, 스프링클
도구 오븐, 볼, 거품기, 밀대, 체, 트리 모양 쿠키 커터

1 버터와 설탕, 달걀을 넣고 섞어 주세요.

2 밀가루를 체에 친 후 ①을 섞어 쿠키 반죽을 완성하세요.

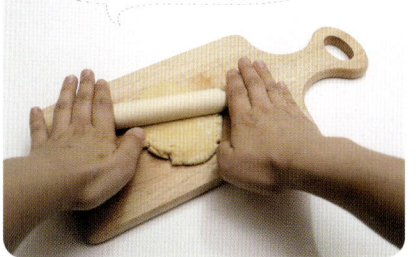

아이 혼자 밀기 힘들어 하면 엄마가 도와주세요.

3 쿠키 반죽을 밀대로 밀어 주세요.

4 트리 모양 쿠키 커터로 찍어 주세요.

구워지는 동안 누구에게 선물할지 정해 보세요.

5 180℃ 오븐에서 15분 정도 구워 주세요.

다양하게 쿠키를 꾸며 보세요.

6 쿠키가 식으면 초코펜으로 꾸민 후 스프링클로 장식하세요.

요리하며 놀아요
Hint 완성 후 응용놀이

트리 만들기

재료 종이, 펜, 트리 모양 쿠키

1 종이에 크게 트리를 그려 주세요.
TIP 엄마가 쿠키의 양에 맞게 트리를 그려 주세요.
2 여러 개의 쿠키로 퍼즐을 맞추듯 종이 안을 쿠키로 채워 주세요.
TIP 어떻게 하는지 엄마가 먼저 알려 주세요.
3 여러 개의 쿠키를 합쳐 큰 트리를 만들어 주세요.
4 트리를 만들고 난 후 아이와 크리스마스 소원을 빌어 보세요.

향긋한 향과 양념의 조화
깻잎장아찌

만 5세 이상

아이와 함께 재래시장을 구경해 본 적 있으세요? 대형할인마트는 많이 가봤어도 재래시장은 안 가봤을 거예요. 아이와 선선한 봄이나 가을에 재래시장을 가보세요. 대형할인마트에서 구경하지 못했을 다양한 것도 구경하고 많은 것을 얻을 수 있을 거예요. 재래시장에서 깻잎을 사와 아이표 깻잎장아찌를 만들어 보세요.

이런 점이 좋아요 — 수학
★ 분수의 개념을 알 수 있어요.
★ 정을 나누는 것에 대해 알 수 있어요.

 이런 것이 필요해요

깻잎 3묶음
깻잎장아찌 양념 간장 4큰술, 올리고당 4큰술, 다진 마늘 1/2작은술, 깨소금 1/2큰술
도구 볼, 숟가락, 체, 가위

1 깻잎은 흐르는 물에 한 장씩 씻어 주세요.

2 씻은 깻잎은 체에 밭쳐 물기를 빼 주세요.

3 볼에 깻잎장아찌 양념 재료를 넣고 섞어 주세요.

아이가 깻잎을 2~3장씩 두면 엄마가 양념을 조금씩 발라 주세요.

4 깻잎을 2~3장씩 겹쳐 양념을 발라 주세요.

양념을 짰다가 다시 부어 주면 양념이 골고루 배어요.

5 모든 깻잎에 양념을 바르고 꾹 눌러 양념을 덜어 내세요.

깻잎을 자르면서 분수의 개념을 알려 주세요.

6 덜어 낸 양념을 깻잎에 다시 붓고 가위로 1/4 크기로 자른 후 1~2일 후에 먹어요.

요리하며 놀아요

Hint 주재료 응용놀이

깻잎 가면 만들기

재료 커다란 깻잎, 가위

1 깻잎의 크기를 주위 사물과 비교해 보세요.
2 깻잎에 눈, 코, 입을 만들어 뚫어 주세요.
3 깻잎 가면을 만들어 가면 놀이를 해보세요.

부록
요리하며 대화하기

요리놀이를 하면서 아이와 어떤 대화를 하고, 어떤 질문을 할 것인지 미리 생각해 보세요.
아래의 예시 대화를 참고로 요리와 놀이에 맞는 대화를 해보세요.
엄마가 어떤 자극을 주는지에 따라 놀이의 효과는 크게 달라집니다.

영양만점 망고가 병 속에서 흔들흔들~
망고 셰이크
★ 36개월　★ p48

엄마 오늘은 어떤 요리를 해볼까요?
아이 과일샐러드요, 케이크요.
엄마 오늘은 아빠가 사 온 망고로 맛있는 망고셰이크를 만들어 볼까요?
아이 망고가 뭐예요?
엄마 망고는 따뜻한 나라에서 자라는 과일이에요.
　　　망고가 어떻게 생겼을까요? 짜잔~ 망고 나와라! 뚝딱~! 망고가 무엇 같아요?
아이 아이스크림 같아요.
엄마 망고에서 어떤 냄새가 날까요? 킁킁, 냄새를 맡아 볼까요?
　　　TIP 망고는 향이 나지만 어떤 냄새가 나는지 표현을 못해 이상한 냄새가 난다고 할 수 있어요.
　　　엄마가 망고 향을 맡아 보고 어떤 향이 나는지 알려 주세요.
아이 이상한 냄새가 나요.

(**지문** 재료와 조리도구를 준비하며 재료의 이름과 조리도구의 이름을 알려 주세요.)
엄마 보조요리사로 변신!
아이 꼬마요리사로 변신
엄마 망고 속은 어떻게 생겼을까요? 망고 속을 파서 볼까요?
　　　TIP 이렇게 하면서 망고의 특징을 알아보고 망고 씨도 관찰할 수 있답니다.
아이 딱딱한 것이 있어요.
엄마 정말 커다랗고 딱딱한 것이 있네요. 이게 무엇일까요?
아이 씨요~
엄마 믹서를 사용하려면 코드를 꽂아야 돼요. 코드를 꽂을 때는 손에 물이 있으면 안 된답니다.
　　　그리고 코드에 위험한 전기가 흐를 수 있으니 엄마가 꽂을게요.
　　　TIP 믹서를 사용하기 전에 믹서의 사용법을 알려 주세요. 코드는 위험하니 엄마가 꽂아 주세요.
아이 네!
엄마 버튼을 누르면 믹서가 돌아가요. 믹서가 돌아가면 위험할 수 있으니 엄마랑 함께해요.
　　　TIP 이렇게 아이에게 믹서를 사용하는 법이랑 사용하다 주의해야 할 사항을 매번 사용할 때 마다 꼭 알려 주세요.

엄마 믹서에 망고 과육과 우유를 넣어 볼까요?

아이 망고, 우유를 넣어요.

엄마 버튼을 누르면 어떻게 될까요?

아이 으아~ 윙~ 소리가 나요. 망고가 없어졌어요.

TIP 망고가 갈린 것을 보고 없어졌다고 말할 수 있답니다. 이럴 땐 '망고가 우유와 함께 섞인 거예요' 라고 알려 주세요.

엄마 갈린 망고와 우유를 통에 담아 볼까요?

아이 조심조심 담아요.

엄마 얼음도 갈아 볼까요? 네모 얼음이 과연 어떻게 될까요?

아이 없어져요. 팥빙수가 돼요.

엄마 과연 얼음이 어떻게 될지, 정말 없어질지, 팥빙수가 될지 갈아 볼까요?

아이 우와~ 얼음이 가루로 돼요.

엄마 네모 얼음이 가루가 되고 있어요. 망고랑 우유를 갈 때랑 다른 소리가 나요.

아이 뚜뚜~ 소리가 나요. 망고랑 우유보다 갈기 힘들어요.

엄마 간 얼음을 망고와 우유를 넣은 통에 넣어 볼까요?

아이 망고랑 얼음이랑 합체!!

엄마 통의 뚜껑을 꼭 닫고 열심히 흔들어 볼까요? 꼬마 바텐더 나가신다~

TIP 아이가 신나게 흔들 수 있도록 해 주세요

아이 꼬마 바텐더 나가신다~

엄마 예쁘게 컵에 담아 볼까요?

아이 난 노란 손잡이 달린 컵에 담아 볼래요.

(지문 아이와 함께 썼던 도구와 주위를 정리한 후 만든 요리를 먹어요. 단, 믹서는 위험하니 엄마가 씻어 주세요.)

엄마 우리가 썼던 도구들이 지저분해졌는데 깨끗하게 씻어 줄까요?

TIP 망고 셰이크를 만들고 남은 재료를 통에 모두 넣고 신나게 꼬마 바텐더가 되어 보세요. 엄마도 함께하면 더 신나겠죠?

봄나물들의 꽃밭 나들이
꽃밭비빔밥
★ 42개월 ★ p74

엄마 따뜻한 봄이에요. 오늘은 시장에 가서 봄나물들이 어떤 것들이 있는지 볼까요?
아이 시장 구경 가요~ 신난다.

TIP 아이와 함께 시장에 가서 봄나물이 어떤 것들이 있는지 구경하면서 재래시장을 체험해 보는 것도 좋아요. 엄마와 함께 구경을 한다는 것 자체가 우리 아이에게는 커다란 추억이 될 거예요. 시장 구경을 하고 봄나물을 사 왔다면 아이와 함께 봄나물 이름과 생김새, 냄새 등을 알아보고 사진으로 찍어 관찰일지를 만드는 것도 좋겠죠?

(**지문** 아이와 함께 봄나물들을 데쳐 준비해 주세요.)
엄마 보조요리사로 변신!
아이 꼬마요리사로 변신!

(**지문** 재료와 필요한 도구를 아이와 함께 준비해 주세요.)
엄마 볼에 담긴 나물은 어떤 나물일까요?
아이 봄나물이에요. 미나리랑 비듬나물이랑 참나물이에요.
       그런데 나물들이 죽었나 봐요?
엄마 뜨거운 물에 들어갔다 나와서 그래요. 봄나물이 죽은 것 같아요.
아이 소스를 만들어요. 간장, 참기름, 깨소금을 넣어 섞어 섞어!
엄마 천천히 섞어 주세요. 빨리 빨리 섞어 주세요.
아이 쿠키 커터로 예쁜 꽃 모양 완성, 별모양 완성.
엄마 꽃 모양을 자르면 어떻게 될까요?

TIP 아이가 다양한 방법과 다양한 형태를 만들어 볼 수 있도록 하세요.

아이 나비 같아요.
엄마 그릇에 밥, 민서가 좋아하는 나물, 참치를 담아 볼까요?
아이 내가 좋아하는 그릇에 담아 볼래요. 컵케이크 같아요.
엄마 치즈를 이용해 꽃을 만들어 볼까요?

TIP 아이가 꽃밭을 상상하며 마음껏 꾸밀 수 있도록 해 주세요.

아이 꽃밭 같아요. 나비가 날아 다녀요. 꿀벌도 만들어 볼래요.
엄마 맛있게 만든 소스를 뿌려 볼까요? 몇 숟가락 넣을까요?
아이 한 숟가락이요. 우와, 맛있는 비빔밥 완성! 엄마~ 빨리 먹어 봐요.
(**지문** 아이가 빨리 먹고 싶어 해도 설거지와 정리정돈을 하고 나서 먹을 수 있게 하세요.)

봄 냄새 가득한 개성만점의 맛
탕평채

★ 48개월   ★ p78

엄마 오늘은 엄마가 좋아하는 탕평채를 만들어 볼까요?
아이 탕평채가 뭐예요? 처음 들어 봐요.
엄마 탕평채는 1725년경 조선시대 영조라는 분이 서로 싸우는 것이 싫어 사이좋게 지내라는 약속인 탕평책이라는 법을 만들었어요. 이 탕평책을 만들어 사람들에게 알리기 위해 만난 자리에서 처음 만들어 먹은 음식이 탕평채래요. 탕평이란 어느 쪽도 치우치지 않는 걸 말하는 거래요.
아이 그럼 이거 만들어서 엄마, 아빠랑 함께 먹어요.
엄마 왜요?
아이 엄마, 아빠가 자주 싸우잖아요. 그러니 탕평채를 만들어 먹어야 해요.
TIP 아이들은 이렇게 생각지도 않는 답을 할 때가 있어요. 이럴 때 혼내지 말아 주세요.
엄마 꼬마요리사님, 엄마, 아빠가 싸우는 걸로 보였군요. 그럼 오늘 탕평채를 만들어 우리 다함께 먹고 서로 사이좋게 지내 봐요.

(**지문** 요리 재료와 조리도구를 아이와 함께 준비해 주세요.)

아이 꼬마요리사로 변신!
엄마 보조요리사로 변신! 이건, 청포묵이라고 해요.
아이 청포묵이 뭐예요?
엄마 녹두라는 콩을 갈아서 가라앉은 걸 죽처럼 만들어 굳힌 거예요.
아이 녹두로 만들었어요? 청포묵은 꼭 비누 같아요. 만지니 말랑말랑해요.

엄마 말랑말랑한 청포묵을 어떻게 자를까요?
아이 칼로 자르면 되죠?
엄마 그럼, 칼로 잘라 볼까요?
아이 어~~ 칼로 자르니 예쁘지 않아요.
엄마 그럼~ 짜잔~! 실로 잘라 볼까요?
아이 우와, 예쁘게 잘려요. 우와, 보조요리사님 최고!!
엄마 이제 맛있는 소고기를 볶아 볼까요? 뜨거우니 어떻게 해야 되죠?
아이 조심해야 해요. 우와~ 고기 색깔이 변했어요.
엄마 고기가 익으면 색깔이 변해요. 다음엔 소스를 섞어서 볼에 숙주와 미나리, 볶은 소고기, 청포묵을 넣고 버무려 주세요. 탕평채를 어디에 담을까요?
아이 초록색 접시요. 내가 담을래요.

엄마 우와~ 마지막으로 검은 김으로 짜잔~! 장식해 볼까요?
아이 탕평채에 검은 눈이 내려요. 맛있는 탕평채 완성!!

(**지문** 요리 후 아이와 함께 설거지와 정리를 해 주세요.)

건곤감리~ 태극무늬를 만들었어요
태극기 케이크
★ 만 5세   ★ p128

엄마 오늘은 멋진 케이크를 만들어 볼까요?
바로 바로 우리나라의 자랑스러운 태극기 케이크를 만들어 봐요.
아이 어떻게 태극기를 만들어요? 신기해요. 빨리 만들어 봐요.
엄마 그 전에 태극기의 유래에 대해 알아볼까요?
1882년에 박영효(1861~1939)라는 분이 국기의 필요성을 느껴 고종황제로부터 허락을 받아 일본을 방문하러 가던 중 메이지마루 호 배 안에서 그렸다고 해요.
아이 아~~ 박영효라는 분은 대단한 것 같아요.
엄마 그럼, 우리 멋진 태극기 케이크를 만들어 볼까요? 어떤 재료가 필요한지 요리책을 볼까요?

(**지문** 아이와 함께 재료와 조리도구를 준비하세요.)

엄마 보조요리사로 변신!
아이 꼬마요리사로 변신!
엄마 볼에 담긴 것이 무엇일까요?
아이 우유예요. 먹어 볼래요. 으~~ 맛이 이상해요.
엄마 하지만 크림으로 만들면 맛있어요. 어떤 도구를 사용해야 될까요?
아이 음~~ 거품기요.
엄마 오늘은 전기를 이용하는 거품기를 써야 되니 엄마가 코드를 꽂을게요.
자, 버튼을 누르면 이렇게 돌아가요. 과연 어떻게 될까요?
TIP 거품기를 돌리며 크림이 변화되는 상태를 보여 주세요.
아이 크림이 돼요. 거품기로 섞어요, 섞어. 우와, 빨리 돌아가요.
엄마 우리 1부터 30까지 세 볼까요?

(**지문** 볼을 뒤집어 크림이 떨어지지 않는 것을 직접 보여 주세요.)

엄마 짜잔~
아이 우와~ 떨어질 것 같았는데. 구름 같아요.
엄마 카스텔라에서 어떤 냄새가 나요?
아이 달콤한 설탕냄새가 나요. 폭신폭신해요.
엄마 네모 모양 빵에 크림을 네모 모양으로 발라 주세요.
아이 네모, 네모 모양으로 발라요~~
엄마 네모 모양으로 바른 크림 위에 숟가락으로 프루트볼을 세 숟가락 올려 주세요.
다른 빵으로 덮으며 살짝 눌러 볼까요?
아이 생크림이 튀어 나와요. 메롱했어요.
엄마 빵이 안 보이도록 크림으로 빵을 숨겨 주세요.
아이 빵이 부끄러운가 봐요. 꼭꼭 숨어라!
엄마 크림으로 동그라미를 그려 볼까요? 동그라미 안에 'S'를 그려 볼까요?

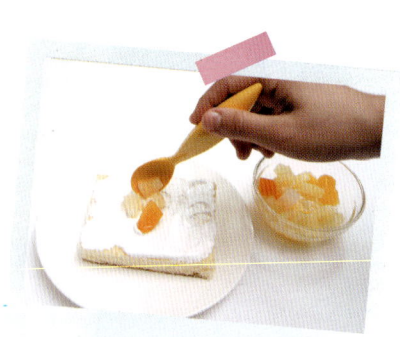

아이 옆으로 'S'가 누웠어요.

엄마 위에는 딸기잼 아래에는 블루베리잼을 넣어 볼까요?

아이 우와, 태극무늬예요.

엄마 막대 3개를 모아 '건', 하늘을 만들어 볼까요?

아이 하나, 둘, 셋.

엄마 막대 4개를 모아 '이', 해를 만들어 볼까요?

아이 하나, 둘, 셋, 넷.

엄마 막대 5개를 모아 '감', 물을 만들어 볼까요?

아이 하나, 둘, 셋, 넷, 다섯.

엄마 막대 6개를 모아 '곤', 땅을 만들어 볼까요?

아이 우와, 멋진 태극기예요.

TIP 멋지게 만든 태극기 케이크를 국경일 날 만들어 아이와 나라 사랑하는 마음을 키워 보세요.

(**지문** 요리를 하고 난 후 아이와 함께 설거지를 하세요. 이때는 아이 혼자 설거지를 하고 엄마는 다른 것을 정리하세요. 아이 혼자 정리해도 돼요.)

연령별 요리놀이 찾아보기

우리 아이 연령에는 어떤 요리가 좋을까요? 요리를 처음 시작할 때는 되도록 쉬운 요리로 하되 아이의 발달연령에 따라 요리를 해야 해요. 왜냐하면 아이가 하기에 너무 어렵거나 너무 쉬우면 흥미를 쉽게 잃어버리기 때문이에요. 아이의 발달연령에 따라 아이에게 맞는 요리를 알아보아요.

자르고 섞는 등의 불을 사용하지 않는 요리가 좋으며 요리 과정이 3~4가지 정도로 짧은 것을 선택하는 것이 좋아요.

25개월 이상
- 가래떡매실차 • 26
- 내맘대로주먹밥 • 24
- 딸기초코딥 • 68
- 수박화채 • 30
- 콘샐러드 • 28

30개월 이상
- 과일퐁듀 • 32
- 마늘빵스틱 • 46
- 통닭집무 • 34
- 팝콘 • 104

자르기, 섞기, 갈기, 즙 짜기, 으깨기 등 다양한 동작을 혼자 할 수 있으나 불을 사용하는 요리는 항상 어른과 함께해야 해요. 요리 과정은 4~5가지 정도의 요리를 하는 것이 좋아요.

36개월 이상
- 경단 • 132
- 고슴도치고구마시리얼범벅 • 36
- 과일스무디 • 86
- 과일요거트아이스크림 • 54
- 나의손쿠키 • 142
- 딸기파나코타 • 70
- 땅콩강정 • 170
- 망고셰이크 • 48
- 바나나푸딩 • 52
- 상투과자 • 130
- 새우파인애플꼬치 • 118
- 수박아이스크림 • 82
- 알록달록한글쿠키 • 122
- 야채피클 • 176
- 열대어샌드위치 • 88
- 오렌지잼 • 172
- 오렌지젤리 • 40
- 오이냉국 • 80
- 율란 • 92
- 주머니속샌드위치 • 50
- 찰떡속에숨은곶감 • 94
- 콩샐러드 • 120
- 쿠키화분 • 72
- 크루아상샌드위치 • 38
- 키위아이스크림 • 174
- 팥빙수 • 84
- 호두곶감말이 • 168
- 호떡눈사람 • 106

42개월 이상
- 가래떡베이컨말이꼬치 • 56
- 꽃밭비빔밥 • 74
- 나비케사디야 • 156
- 낙엽쿠키 • 98
- 단무지참치데마끼 • 42
- 백설기 • 108
- 새싹채소김치비빔밥 • 144

설탕물에빠진과일 · 178
숫자초콜릿 · 134
시트러스컴포트 · 90
양송이버섯치즈구이 · 60
주머니속볶음밥 · 136
찹쌀떡 · 58
쿨파스타자동차 · 154
햇과일시리얼샐러드 · 96

볶고 찌는 등의 불을 사용하는 요리를 혼자 할 수 있지만 어른이 옆에서 지켜봐야 해요. 혼자 자르고 으깨고 섞는 동작 등을 할 수 있으며 요리 과정이 5~6가지 정도의 요리를 할 수 있어요.

48개월 이상
꽃모양떡 · 76
꿀꿀이오므라이스 · 160
달걀새우찜 · 146
돌돌말이샌드위치 · 158
빼빼로 · 186
시리얼막대사탕 · 182
애플머핀 · 100
어묵꼬치 · 110
초코머핀 · 184
치즈에그스크램블 · 62
크리스마스트리쿠키 · 188
탕평채 · 78
하트초콜릿 · 180

혼자서 불을 사용 할 수 있으나 어른이 있어야 해요. 엄마가 요리하는 모습을 그대로 표현하기도 하며 어른스럽게 요리를 해요. 다소 복잡한 요리 과정이 있어도 잘 따라해요.

만 4세 이상
건포도스콘 · 138
깻잎장아찌 · 190
된장찌개 · 112
버섯잡채 · 102
약속컵케이크 · 162
카레비빔국수 · 124
흑미인절미 · 64

만 5세 이상
소시지고구마샐러드볼 · 152
시계버거 · 140
얼굴쿠키 · 164
오이소박이 · 148
자장떡볶이 · 126
크래미초밥 · 150
크리스마스쿠키카드 · 114
태극기케이크 · 128

행복을 지키는

생활 연구소

우리 집엔 얼마나 많은 행복이 숨어 있을까?

식탁 위에, 냉장고 속에,
싱크대 위에, 욕실 안에
행복을 지켜주는, 작지만 놀라운 과학이
꼭꼭 숨어 있다는 사실, 알고 계세요?
세계 5개국 특허의 안전하고
깨끗한 크린랩 생활용품들,
가족의 소중한 건강과 행복을 지켜드립니다.

www.cleanwrap.co.kr